suhrkamp taschenbuch 57

Marie Luise Kaschnitz, geboren am 31. Januar 1901 in Karlsruhe, gestorben am 10. Oktober 1974 in Rom. Wichtige Werke: Lyrik: *Gedichte* 1947; *Zukunftsmusik* 1950; *Ewige Stadt* 1952; *Neue Gedichte* 1957; *Dein Schweigen – meine Stimme* 1962; *Ein Wort weiter* 1965; *Überallnie* 1965. Prosa: *Liebe beginnt* 1933; *Elissa* 1937; *Das dicke Kind und andere Erzählungen* 1951; *Das Haus der Kindheit* 1956; *Lange Schatten* 1960; *Beschreibung eines Dorfes* 1966; *Tage, Tage, Jahre* 1968; *Vogel Rock* 1969; *Zwischen Immer und Nie* 1971; *Orte.* Aufzeichnungen 1973. Hörspiele, Essays.

»In ihrem jüngsten Buch ›Steht noch dahin‹ sammelt Marie Luise Kaschnitz 74 knappe Prosastücke. Es sind Gedichte in Prosa. Abgekürzte Romane und Tragödien im Umfang von Epigrammen, unheimliche Träume, Angstträume, Alpträume, Visionen des Schreckens des 20. Jahrhunderts ... Die meisten Geschichten der Kaschnitz enthalten in der Kürze ein ganzes Leben, den Roman eines Lebens in motivischer Verknappung.«

Hermann Kesten

Marie Luise Kaschnitz
Steht noch dahin

Suhrkamp

suhrkamp taschenbuch 57
Sechste Auflage, 45.–52. Tausend 1981

Lizenzausgabe des Insel Verlages
Suhrkamp Taschenbuch Verlag

Druck: Nomos Verlagsgesellschaft, Baden-Baden
Printed in Germany
Umschlag nach Entwürfen
von Willy Fleckhaus und Rolf Staudt

Steht noch dahin

Steht noch dahin

Ob wir davonkommen ohne gefoltert zu werden, ob wir eines natürlichen Todes sterben, ob wir nicht wieder hungern, die Abfalleimer nach Kartoffelschalen durchsuchen, ob wir getrieben werden in Rudeln, wir haben's gesehen. Ob wir nicht noch die Zellenklopfsprache lernen, den Nächsten belauern, vom Nächsten belauert werden, und bei dem Wort Freiheit weinen müssen. Ob wir uns fortstehlen rechtzeitig auf ein weißes Bett oder zugrunde gehen am hundertfachen Atomblitz, ob wir es fertigbringen mit einer Hoffnung zu sterben, steht noch dahin, steht alles noch dahin.

Ich sah den ersten vor dem Kaufhaus Neckermann, den zweiten in der Nähe des Filmtheaters Metro im Schwan, den dritten bei der alten Oper, die jetzt, fünfundzwanzig Jahre nach dem Kriegsende, wiederaufgebaut wird. Der erste hing so hoch, daß man ihn allenfalls für einen dort beschäftigten Fensterputzer halten konnte. Den zweiten sah man jedoch baumeln, der Wind drehte ihn bald zur Wand, bald zur Straße, dann war seine herausgequollene Zunge deutlich zu erkennen. Der dritte hing an einer der alten hübschen Opernlaternen und so tief, daß die Leute, die zur ihren geparkten Wagen durch den Schnee stampften, ihre Hälse einziehen mußten, um seine nackten Sohlen nicht zu berühren. Sie taten das aber ganz unwillkürlich, sprachen und lachten dabei, außer mir schien niemand zu bemerken, daß es auch in unserer Stadt Gehängte gibt.

Nachrichten

Nachrichten aus der römischen Altstadt, daß dort wieder die alten Leute nachts aus den Fenstern ihrer Dachkammern steigen und spazierengehen, nicht auf Gesimsen und Dachrinnen, sondern auf der Luft. Die Angehörigen machen sich Vorwürfe, haben wir den Vater, die Mutter, den Großvater, die Großmutter nicht oft genug ausgeführt, in die Villa Borghese oder ins Kino, genieren sich auch, weil sie fürchten, daß eines Nachts die Feuerwehr kommen und die Alten wie aus dem Zoo entsprungene Äffchen einfangen wird. Mit den Vätern, Großvätern, Müttern, Großmüttern über ihre Nachtwege zu sprechen oder sie gar beim Hinaussteigen anzurufen wagt keiner, sie könnten stürzen und auf dem Pflaster zerschellen. Also versucht man ihnen das Handwerk zu legen, vernagelt die Fensterläden oder spannt Maschendraht über die Öffnung, was aber alles nichts nützt, irgendwann in der Nacht sind sie wieder unterwegs, gehen auf der Luft die Straße hinunter, Richtung St. Gesù, wobei sie mit Leuten, die sich auf den Dachterrassen so spät noch aufhalten, kleine Gespräche führen. Eines Tages bekommen die Angehörigen es satt, was machst du da, mit wem redest du, kannst du nicht im Bett bleiben, wie es sich gehört. Die Väter, Großväter, Mütter, Großmütter lächeln, tun als wüßten sie von nichts; nur daß sie in der Nacht nach solchen Gesprächen von ihrem Spaziergang nicht mehr zurückkehren, immer weitergehen, bei St. Gesù um die Ecke, Gott weiß wohin.

Die Kinder

Endlich habe auch ich die streunenden Kinder gesehen. In den Händen hielten sie alte Flinten und Stöcke, Handgranaten baumelten ihnen an den Gürteln, die meisten von ihnen waren barfuß, einige nackt. Sie liefen über die sumpfigen Wiesen von Bonames, dort wo einmal die jetzt regulierte Nidda floß. Als sie näher kamen, sah ich, daß ihre kleinen Bäuche aufgetrieben waren und daß das Weiß in ihren Augen gelb war. Sie stolperten und stießen einander vorwärts, sie kickten Steine, wer einen Frosch fand, steckte ihn lebendig in den Mund. Ich stellte mich den Kindern in den Weg, plapperte und flehte, kommt mit mir, man wird euch zu essen geben, ihr werdet unter warmen Decken schlafen. Die Kinder hielten nicht an, die Handgranaten schlugen gegen ihre Knie, sie gingen durch mich hindurch wie durch die Luft.

Im Bockshorn

Im Bockshorn sitzen, wohin einer gejagt wird, in dessen beinernen Windungen er weiter und weiter kriecht, vom Hellen ins Spiraligdunkle, so als gäbe es dort etwas zu ergründen, vielleicht auch etwas zu hören, ähnlich dem Summen und Dröhnen einer Muschel, nur eben kein Meeresgeräusch, sondern den Wind der Ziegenweiden im Gebirg. Jedenfalls etwas für das es lohnt sich dünn zu machen, nadelspitzendünn und taub für die Welt, in die wir doch wieder zurückkehren werden, nur nicht ehe wir uns einmal soweit als möglich von ihr entfernt haben, nicht ehe wir das Brausen gehört haben, nicht sofort.

Lesefrucht

Zweimal wurde die Insel Tasmanien von englischen Truppen durchgekämmt, die letzten Einwohner wurden schließlich auf Schiffe getrieben und auf einer Schäre ausgesetzt, wo man sie sich selbst überließ. Jahrzehnte später, als der kleine Rest von Tasmaniern, der sich von Vogeleiern ernährte, auf wenige Menschen zusammengeschmolzen war, erinnerten sich britische Wissenschaftler an den untergehenden Stamm. Man schickte ein Schiff zu der Insel, fand dort aber außer einer Frau niemanden mehr am Leben. Diese Frau, der man den Namen Lola gab, wurde nach London gebracht und dort in einem Käfig ausgestellt. Ihre Knochen wurden gemessen, ihre Körperfunktionen überwacht. Da niemand ihre Sprache verstand, lebte und starb sie wie ein Tier.

Es läßt sich leben

Es gibt das Zweithaus, den Zweitwagen, die Zweitfrisur. Es gibt den Zweitmann, die Zweitfrau, das Zweitfernsehen, tragbar, nimmt man überallhin. Es herrscht kein Mangel an Abwechslung, für den Zweiturlaub werden ferne Länder parzelliert angeboten, auf fremde Tiere darf geschossen werden. Auch der Alltag ist schön, die Mülleimer sind voll Champagnerflaschen und Gänselebertöpfchen, der Brotverbrauch geht zurück. Das lebt, sagte der arme Jude, als er den überaus prächtigen Leichenzug an sich vorüberkommen sah.

Erklärung

Hiermit erkläre ich feierlich, daß die Heiligen Eltern recht haben, daß es *ihn* gibt und daß er in mir steckt und aus mir heraus den jungen Männern lüsterne Blicke zuwirft, mich auch unzüchtige Reden führen läßt, für die ich eines Tages verdammt werde, weswegen ich vorher noch von ihm frei sein muß, was aber nur mit der Hilfe der Heiligen Eltern geschehen kann, die übrigens nicht meine Eltern sind, sondern die Eltern und Fürbitter vieler Menschen, auch der beiden jungen Leute, die jetzt ihre langen starken Stöcke zurechtbiegen und den Holzklotz aufstellen, über den ich mich legen muß, auf dem ich nicht schreien, keinesfalls um Hilfe rufen werde, weil die Heiligen Eltern immer recht haben, es gut mit mir meinen und auch jetzt oben in ihren Betten für mich beten, liebe Eltern, und wenn mir das Fleisch in blutigen Fetzen herunterhängt, ich will euch dankbar sein.

Popocatepetl 1968

All das Rennen, Rennen, die Luft weg, Rennen, Rudern, die Luft weg, Rudern, Hindernislaufen, Kugelstoßen, Keuchen im Sauerstoffzelt. Die Enttäuschungen, die Tränen. Die raschen Regen, die Winde im blauen pazifischen Himmel, die Durchfälle, die Fahnen am Mast aufgezogen, die geschmetterten Hymnen, die drei kleinen Podeste herangefahren, das Siegesgeschrei von den Zuschauerbänken und bei der Abreise die drei vier Riesenstrohhüte übereinander, alles gewesen, vergessen, auch die fremden grausamen Götter und die Berge mit den unaussprechlichen Namen, nur einer nicht, der Weitsprung des Negers, der Wundersprung, er springt ihn noch immer, wirft seinen Körper, unseren Körper, schwerelos, durch die Luft, setzt zum Sprung an, fliegt, landet, setzt zum Sprung an fliegt landet springt – –

Ein Hinterwäldler

Ein Hinterwäldler, wenn es noch einen gäbe, würde staunen, käme er in unsere Stadt. Bei uns filmt jeder jeden, jeder hält jedem ein Mikrophon entgegen, jeder fragt jeden aus. Jeder weiß alles, etwa über Mexiko oder Havanna, jeder kann in wenigen Stunden jeden Ort auf der Erde erreichen. Bei öffentlichen Veranstaltungen werden statt Gedichten Auszüge aus dem Telefonbuch vorgelesen, zum Beispiel der Abschnitt A–B. Auf einer Wiese sähe der Hinterwäldler eine phallische Wurst aus Luft aufgerichtet, im Museum träfe er auf Gipsfrauen, die an Nähmaschinen sitzen oder im Handwaschbecken ihre Füße waschen. In Tanzlokalen würde er mit Lichtblitzen und auf der Straße mit Schimpfreden überschüttet, die aber nicht ihm gelten, nur wenn er richtig hinhört, doch auch ihm.

Brandsatz

Einen Brandsatz heimlich in ein Warenhaus legen ist kein Kunststück, Fräulein, und dann weglaufen und es brennt in der Nacht. Wenn Sie protestieren wollen, verbrennen Sie sich doch selber, natürlich öffentlich, etwa vor der Hauptwache, beim U-Bahn-Eingang, auf dem neuen versenkten Platz. Sie müssen nur genug Petroleum mitnehmen und Streichhölzer und ein leichtes Sommerkleid anziehen, am besten eines aus Nylon, das gibt eine schöne Flamme, und fremdes Eigentum beschädigen Sie dabei nicht. Euereins will immer davonkommen, etwas anzetteln und davonkommen mit heiler Haut. Kerls, wollt Ihr denn ewig leben, sagte einmal ein König zu seinen jungen Soldaten, er selbst war da schon alt, aber gerade deswegen, nur die alten Leute sind Idealisten, und, Kellner, noch ein Bier.

Traum

Das Empörende war, daß ich mich zwischen all diesen Operationen (mindestens fünf, an verschiedenen Organen, aber alle an demselben Tage ausgeführt), nicht ins Bett legen durfte, ja zu Fuß das nächste, das für die nächste Operation vorgesehene Spital aufsuchen mußte. Die Wunden waren schlecht verbunden und bluteten, das Blut tropfte aufs Straßenpflaster, was mir, obwohl niemand darauf achtete, außerordentlich peinlich war. Ich hatte ein starkes Gefühl von Vernachlässigung und war so schwach wie ich es in wachem Zustand nie gewesen bin. Wie ich so von Laternenpfahl zu Laternenpfahl wankte, war die Kühle des Eisens an Stirn und Wange der einzige Trost.

Appetit

Ich esse meine Suppe, ich esse mein Fleisch, meine Nudeln, Kartoffeln, Salat jeden Tag, so viele auch Kinder, verschüttete vor meinem Fenster, mit Fingern weißlichen Krallen Signale versuchen. Ich esse mein Fleisch jeden Tag, so viele auch Schiefknochen, so viele Hungerbäuche bei mir am Tische sitzen und Eiterbeulen aufplatzen neben meinem gefüllten Teller. Ich esse, den Blick auf das Napalmfleisch gerichtet und auf die Würmer, die aus den offenen Wunden kriechen. Ich esse meine Suppe, mein Fleisch, meine Nudeln, Kartoffeln, Salat, Kompott, jeden Tag, alle bestaunen meinen Appetit, niemand glaubt mir mein Alter.

Zum Geburtstag

In einer bürgerlichen Familie wird einem fremden, etwa dreijährigen Buben eine Geburtstagsfeier vorbereitet. Man hat Mitleid mit dem Kind, dessen Eltern nicht zusammen leben, politisch engagiert sind, alle überkommenen Festgebräuche ablehnen und verachten. Darum haben die Gastgeber einen Kuchen gebacken, kleine Kerzen auf den Tisch gestellt, Päckchen mit Süßigkeiten und Spielsachen danebengelegt. Über diese Zurüstungen, besonders über die bei verhangenen Fenstern angezündeten Kerzen schien das Kind zu Tode erschrocken. Es räumte mit zitternden Händen alles vom Tisch, blies die Kerzen aus, stellte sie aus jeder Reichweite, jeder Sehweite, blieb danach noch lange, wie von der Berührung einer fremden, bedrohlichen Sphäre, verstört.

Ohne Tod

Wenn einer sich vornähme, das Wort Tod nicht mehr zu benützen, auch kein anderes, das mit dem Tod zusammenhängt, mit dem Menschentod oder mit dem Sterben der Natur. Ein ganzes Buch würde er schreiben, ein Buch ohne Tod, ohne Angst vor dem Sterben, ohne Vermissen der Toten, die natürlich auch nicht vorkommen dürften, ebensowenig wie Friedhöfe, sterbende Häuser, tödliche Waffen, Autounfälle, Mord. Er hätte es nicht leicht, dieser Schreibende, jeden Augenblick müßte er sich zur Ordnung rufen, etwas, das sich eingeschlichen hat, wieder austilgen, schon der Sonnenuntergang wäre gefährlich, schon ein Abschied, und das braune Blatt, das herabweht, erschrocken streicht er das braune Blatt. Nur wachsende Tage, nur Kinder und junge Leute, nur rasche Schritte, Hoffnung und Zukunft, ein schönes Buch, ein paradiesisches Buch.

Theaterplatz

Der des Mordes Verdächtige aber nicht Überführte wurde, in einer der letzten Ruinen der Stadt versteckt, mit sechshundert Kugeln beschossen, sogar Panzerwagen fuhren auf. Er schoß zurück und traf einen Polizeihund, den man später fotografierte. Von dem Belagerten hieß es, daß er sich am Ende selbst das Leben genommen habe. Noch mehrere Tage lang fuhren die Wagen an dieser Stelle langsam, blieben die Passanten stehen und starrten zu der durchlöcherten Hauswand hinauf. Es ist gut so, hörte man einen sagen, er war noch jung, jeder Tag Zuchthaus kostet soundso viel, und lebenslänglich, rechnen Sie das mal aus, wer hätte es zahlen müssen, wir.

Das Meer nicht mehr

Vorzustellen wir gingen den alten Weg dünenüber zum Meer und es wäre das Meer nicht mehr da kein Salzhauch käme entgegen, es hingen die Zeltplanen schlaff nicht glitzerte unabsehbar der alte Tanzplatz und Wellen nicht kämen gezogen und überschlügen sich. Statt dessen was, eine Grube stinkenden Schlammes mit Fischleichen Seesterngerippen von hier bis Afrika und wir glaubten ein wenig weiter müßte noch sein was wir suchten wenn auch nur ein Auge ein Rest. Und gingen auf Stelzen mühsam und kämen vorüber an Schiffen auf Grund gesetzten verfaulenden Robben. Und es sänke indessen die Sonne das Finstere schmatzte und würfe Blasen und söge uns ein am Ende während das Meerauge Mondauge aufzöge eisig am Himmel.

Ein Mensch

Ein Mensch ist ein Neger, den viele verfolgen, der rennt und rennt. Ein Mensch ist ein Polizist, der seine Pflicht tut, oder ein Mädchen, das sagt, es macht ihm nichts aus, heiraten oder nicht geheiratet zu werden. Ein Mensch ist ein Auge am Elektronenmikroskop, eine Gummihand in der Bauchhöhle des Nächsten, eine Müdigkeit im Oktober, ein Finger am Abzugshahn. Auch die Frau war ein Mensch, die ihr Gespendetes aus dem Biafrasammeltopf fischte und sagte, pardon, ich dachte, Sie sammeln für Tiere.

Schläfrig

Eine Revolutionärin kann G. schon deswegen nicht sein, weil sie ihren Schlaf, ihre Träume zu sehr liebt. Auch weil sie Leute nicht mag, die nicht über sich selbst lachen können. Auch weil Revolutionäre nicht darum herumkommen, unmenschlich zu handeln. Daß ihre eigene Schläfrigkeit das Unmenschliche in der Welt begünstigt, ja verstärkt, bemerkt sie nicht, oder doch nur in wenigen lichten Augenblicken, in denen sie sich dann den Prozeß macht und sich verurteilt, zum Tode.

Haare

Alte Männer, die sich zuwachsen lassen, haben mit jungen Bärtigen nur eines gemeinsam, die Materie Haar. Im Gegensatz zu den Jungen wollen sie nicht auffallen, sondern sich verstecken, kein erkennbares Gesicht mehr haben, nur Augen, die hervorfunkeln aus dem dichten Gestrüpp. Abstoßend sein, unappetitlich sein, kein Mann mehr zum Lieben, so will ich aussehen, ein Stückchen Wildnis, Moos und Flechte, alt alt. Aber dahinter noch immer: ich.

National

Einige machen sich Gedanken über ihren Nationalismus. Sie lieben ihr Land, aber nicht, wenn es vor Tüchtigkeit birst, sondern wenn es an sich zweifelt und weint. Da das sehr selten der Fall ist, lieben sie es selten. Bei sportlichen Wettkämpfen, sogenannten Weltmeisterschaften, zittern sie bei dem Gedanken, ihr Land könne siegen und sie müßten am nächsten Tag lauter geschwellten Hemdbrüsten begegnen. Sie lieben ihr Land, seinen kalten Frühling, seinen leuchtenden Herbst, seine Kinder, seine Sprache und einiges aus seiner Literatur. Sie möchten nicht dazu verurteilt werden, ganz in einem Lande zu leben, in dem man ihre Sprache nicht spricht. Trotzdem haben sie ihrem Land beständig am Zeuge zu flicken. Das zeigt, daß sie Nationalisten sind.

Enfant inconnu

Die Weihnachtspakete, die an die Königin von England gerichtet sind, werden natürlich nicht von dieser selbst ausgepackt, es kommen zu viele, die zum Beispiel gehäkelte Teewärmer, Fotografien von Vollblütern, Hirschgeweihe und Pflanzenknollen für die königlichen Gärten enthalten. In dem Kistchen aus Biafra war nichts dergleichen, vielmehr die Leiche eines kleinen von einer Fliegerbombe getöteten Kindes, von der sich die Mutter getrennt hatte, um sie der Königin von England unter den Baum zu legen, fröhliche Weihnachten und du bist schuld. Ich frage mich, was mit dieser Kinderleiche geschehen wird, ob man sie verscharren oder in der Westminsterabtei beisetzen wird, was ich hübsch fände, wenngleich auch hypokritisch, die Peers mit ihren Krönchen, der Erzbischof von Canterbury im Ornat. Die königlichen Kinder, die auf den Babysarg ihre Sträußchen legen, später ein Grabstein, eine Ewige Lampe, etwa in der Nähe der Dichterecke, das Kind von Biafra, l'enfant inconnu. Es ist aber auch möglich, daß man das Kistchen längst hat zurückgehen lassen, da kann ja jeder kommen und der Königin etwas anhängen, einen Gestank ins Haus schicken, und was in aller Welt kann die Königin dafür.

Schlafwagen

Der Schlafwagenschläfer schläft solange der Zug fährt, wacht auf wenn er stillsteht, also jeweils für einige Minuten auf den Stationen. Bei einem längeren Halt, und gar noch auf freier Strecke, ist gleich der Teufel los, was soll das, wo sind wir, da wird nach dem Schaffner geklingelt, Durst hat man ohnehin. Die Klingel klingelt aber nicht und der Schaffner geht keineswegs den Korridor auf und ab um seine internationalen Schäfchen zu beruhigen, das war einmal, ist nicht mehr, dem guten Hirten ist alles egal. Sodaß man nicht aufhört sich Sorgen zu machen, wie soll das weitergehen mit solchen Verspätungen, heißgelaufenen und abgehängten Wagen jeden Augenblick und jetzt vielleicht der Schlafwagen abgehängt und stehengelassen, wo, in einem Sumpfwald natürlich, auf ungeschottertem Bahnkörper; da wird er wegsacken mit der Zeit. Da werden wir wegsacken, ich und meine skandinavischen Nachbarn, und auf dem Bahnhof einer fremden Hauptstadt laufen unsere Angehörigen den Zug entlang. Der Schlafwagen, was für ein Schlafwagen, wir führen keinen, seit wann nicht mehr, seit Jahrzehnten nicht mehr.

Grabbeigaben

Der Schriftsteller B. macht sich nichts aus seinen gedruckten Büchern, liest sie nie wieder, faßt sie, wenn sie ihm unter die Augen kommen, mit Ekel an. Dagegen liebt er, was ihm nicht gelungen ist, seine totgeborenen Kinder, das Kroppzeug ohne Augenwimpern, mit Stummelarmen, Stummelflügeln, die anämische Brut. Er möchte, daß man ihm statt Blumen diese Schandgeburten ins Grab nachwirft. Dabei weiß niemand, ob er sie von der Erde weghaben will, damit sie ihm keine Schande machen, oder ob er glaubt, daß sie in der ungeheuern Wärme seines Todes noch nachreifen, ausreifen können.

Harlekinaden

Die Dame ist entzückt von den Harlekinaden, den wuchernden Bärten, langen Männerlocken Felljäckchen Großväterröcken Blumengewinden langschäftigen Stiefeln Goldkettchen, was alles sie für einen Protest gegen die uniforme, die sanitäre Gesellschaft hält, aber auch für ein sympathisches Stückchen Urwald, mit Schlangen und leuchtenden Blüten, zu ihrem Gefallen erdacht. Nur daß dann plötzlich die Lederjacken auf ihren knatternden Motorrädern um die Ecke biegen, da verzieht sie sich kleinlaut, für so etwas Grobes hat sie keinen Sinn.

Aus großer Zeit

Er habe, sagte der Angeklagte, Schilfwände aufrichten lassen und hinter diesen Wänden die Leichen aus einem Massengrab ausgraben und an Ort und Stelle verbrennen lassen, womit kurz vor dem Ende des Krieges eine Untat vertuscht werden sollte. Etwaiger Schmuck und Zahnersatzteile seien in Sieben aufgefangen worden. Weder der Angeklagte noch die anderen Herren hätten sich die Finger dabei schmutzig gemacht. Die Häftlinge und Strafgefangenen, welche die Arbeit ausführen mußten, seien danach alle erschossen worden. Der Angeklagte hatte auf Befehl gehandelt. Die Erschießung der Zeugen war ihm unmenschlich vorgekommen, aber er sei der Ansicht gewesen, der König habe immer recht.

Museum

Ich war erstaunt, das Museum, das noch heute als der Konservatorenpalast bezeichnet wird, völlig neu geordnet, ja mit ganz andern Ausstellungsstücken versehen, wiederzufinden. Statt der Büsten, Torsen, Reliefs aus dem römischen Altertum befanden sich dort auf einfachen Brettertischen und Regalen, sauber präpariert, abgeschnittene Hände und Ohren, herausgerissene Zungen, auch ganze, von verkohlten Stoffresten umhüllte Skelette waren zu sehen. Wie früher auch, waren die Ausstellungsstücke datiert. Auf besonders kurz zurückliegende Daten (Sommer 1968) wurden die Schulklassen, die sich erschreckt und neugierig an den Objekten vorbeidrängten, von ihren Lehrern aufmerksam gemacht. Auch die auf allen Erdteilen gelegenen Fundorte waren genau vermerkt. Die Gänge zwischen den Regalen und Tischen bildeten eine Art von Einbahnstraße, so daß niemand umkehren und sich dadurch dem Anblick der Scheußlichkeiten entziehen konnte. Schließlich entdeckte ich in einem der letzten Räume doch einen Gegenstand, der aus dem alten Museum stammte. Es war die Statue des Flötenspielers Marsyas, dem zur Strafe für seinen Künstlerhochmut die Haut bei lebendigem Leibe abgezogen worden ist.

Tarantella

Noch meine Eltern fanden die Vorstädte von Neapel pittoresk. Es störte sie nicht, daß die Einwohner dieser hübsch über dem blauen Golf gelegenen Orte zu viert in einem Bett schliefen, nichts zu essen hatten, infolgedessen stahlen. Sie übersahen die Merkmale der Syphilis und die Merkmale der Hoffnungslosigkeit und erfreuten sich an den Glöckchen der Tarantella. Ich will nicht nach Indien reisen (wozu ich eine Gelegenheit hätte); diese mir aus dem Fernsehen bekannten Hungergestalten, die verrückterweise nicht abzuschlachtenden Kühe würden mir das Vergnügen an der Exotik verderben. Dabei bringe ich es aber doch recht gut fertig mir etwas woran ich nicht denken will, vom Leibe zu halten. Der Hunger, das Elend und die Ungerechtigkeit in der Welt lassen mich schlafen.

Pause

Einmal ausruhen, nichts aufnehmen, nichts annehmen, nichts gutheißen, schlechtheißen, in Zusammenhang bringen. Vielmehr nur dasein, wie am lateinischen Ufer, wenn auch ohne Sand zwischen den Fingern, ohne Wellen im Blick. Oder doch Wellen, die alten Gezeiten, das immer Gleiche, nicht gerade Heutige, die schöne lange Weile, sie mißlingt und mißlingt und mißlingt. Komm Trost der Nacht, aber gerade in der Nacht stehen sie da, reißen dir die Lider auf, verlangen die Zeugenaussage, von dir, ja gerade von dir.

Die Luchse

Von einem stärken Holzzaun, der von einem geschnitzten Sims überdacht ist, stürzen bei meinem Näherkommen große graue Tiere, eines nach dem andern, liegen zu meinen Füßen, Katzen, nein, eher Luchse, mit spitzen, in Haarbüschel auslaufenden Ohren. Es scheint, daß sie dort oben gesessen haben, um Wache zu halten, und daß sie dabei erfroren sind. Ihre Bäuche sind aufgetrieben, nackt, graugrün und wie Trommeln hart. Ihre blinden Augen, groß und rund wie Eulenaugen, stehen offen und starren mich an.

Sioux

Was man mir von den Sioux-Indianern erzählt, von ihrer Begabung für die Mathematik, von den kleinen Blechhütten, in denen sie hausen, hinter Coca-Cola-Reklamen, riesigen, in einer öden und wüsten Landschaft, unter eisigen Windstößen, von ihrem Sitzen, Dösen, Sitzen, Dösen, ruhiger als ein Stein. Von ihrem Zuträgesein um die Hand auszustrecken, von sechzig Häuschen sind acht Wirtschaften, da hocken sie draußen, im Schatten der Hauswand, trinken, reden nicht. Manchmal wird ein Fest gefeiert, nie an derselben Stelle, vielleicht auf einem Hügel, vielleicht in einer Schlucht, zu Ehren des toten Häuptlings Sitting Bull. Keine Traurigkeit, nur Gleichgültigkeit, und reiten, sagte der Augenzeuge, können sie noch, rasen, aber ganz selten, davon auf ungesattelten Pferden, ein Windstoß, ein Erdbeben, und still.

E. Z.

Eine Frau besucht das Einkaufszentrum in der Trabantenstadt, die graue Festung, die das Warenangebot gegen seine Verächter verteidigt, auf mehreren Ebenen, hinter riesigen Glasscheiben, wohnt schöner, eßt besser, zieht euch kostbarer an. Die Frau geht an allem vorüber, bleibt aber stehen, wo die Steine liegen, große Steine auf der glatten Terrasse, Findlinge, unsymmetrisch, rissig, von schwärzlichem Grün. Etwas aus der Wildnis, aus den Dobeln, wo Wasser stürzt, hingelegt vor zarte Tüllgehänge, glitzernde Möbelstoffe, etwas Unnützes, Unordentliches, und einer der Steine, von Kinderfüßen in Bewegung gesetzt, schaukelt sogar. Die Frau möchte einen Brief schreiben, to whom it may concern, sie möchte den Mann umarmen, der auf den Gedanken gekommen ist. Sie geht nicht mehr weiter, bleibt, in einem Haufen von Kindern, stehen, betastet die Steine, umarmt sie, beleckt sie, und die Leute, die auf die Riesenschaufensterscheiben zusteuern, tippen sich an die Stirn.

Soldat

Soldat du unterwegs von den Ufern der Marne über Stalingrad und Vietnam. Der Abschied nahm immer wieder, der zu Hause betrauert, zu Hause vergessen wurde. Der sein Gewehr in den Schrank stellte, aber hinter der Hauswand riß schon ein neuer Krieg sein morgenrotes Maul auf. Du mein Mann, mein Bruder, mein Sohn. Deine Stiefelschritte hallen mir nachts auf dem Pflaster. Bleib stehen, Soldat, tritt ein. Ich will an deinem Gasmaskenrüssel zerren, an deinem laubflekkigen Tarnzeug. In meinem Zwiebelgarten Rosengarten will ich dich zur Ruhe bringen, du sollst nicht mehr wandern müssen, eisernes Skelett.

Warmer November

Wem die Warenmassen der Kaufhäuser, auch die heiße trübe Luftwelle gleich beim Eintreten Furcht einflößt, der bleibt in seinem Quartier und sucht gegen Abend, immer gegen Abend, die kleinen dem Untergang geweihten Ladengeschäfte auf. Man kennt ihn dort, er wird mit seinem Namen gegrüßt. Die Frauen der Ladeninhaber sind im Krankenhaus oder die Inhaber selber sind im Krankenhaus und die Frau gibt Auskunft, ja, es geht ihm besser, ja, er kommt bald nach Haus. Laub an den Bäumen, Laub auf dem Pflaster, blauer Nebel und über den vierstöckigen also niederen Häusern ragen die hundertäugigen Geisterpaläste der Versicherungen auf.

Futurologie

Weiterlebend mein Herz in einem anderen Körper wird was empfinden, meine rechte Hand, angesetzt einem fremden Gelenk, wird wen liebkosen, nach welcher Waffe greifen, meine verpflanzten Augen was stürzt auf euch ein. Bunttafel im alten Schmeil, blutige Muskelstränge, aufgeschnittener Kehlkopf, die Haut mit Klammern zur Seite gehalten, in der Bauchhöhle freigelegt das bläulichweiße Gedärm. Mein zierliches Nervengeflecht, alles noch schön beisammen, aber wie bald zerstreut und was wird sein bei der Auferstehung des Fleisches, wie findet sich das zueinander, Augen, Hand, Herz? Im Fluge? Ja, im Fluge.

Drohbrief

Jeden Tag sieht er seine Post hastig durch, ob nicht der Drohbrief dabei ist, den er schon lange erwartet. Er weiß nicht auf welchem Papier der Brief geschrieben ist und welches Format er hat, vielleicht länglich, vielleicht rot. Möglicherweise steckt er in einem gewöhnlichen Geschäftscouvert, grün mit Fensterscheibe, was aber nicht anzunehmen ist, da es sich ja um einen ganz persönlichen Brief handelt. Was darin steht, weiß er natürlich auch nicht. Es gibt so vieles, wofür man ihn zur Rechenschaft ziehen könnte, seine Faulheit, seine Feigheit, diese vor allem. Vielleicht steht auf einem sonst leeren Blatt nur ein Fragezeichen (er, in Frage gestellt), oder ein Ausrufungszeichen (Achtung, Achtung) oder ganz einfach: ein Punkt.

Mitsou San

Ich telefonierte mit meiner Nichte, sah diese Nichte dabei ganz deutlich vor mir, das heißt dieselbe Person, aber vor langer Zeit. Ein Kind von vier oder fünf Jahren, dunkle Ringellocken, zärtliche Augen, und wie es frühmorgens durch den Garten trippelte, die Hände auf der Brust verschränkt. Wie es sich vor der Sonne, vor der eben aufgeblühten Rose, vor dem Lindenbaum dreimal verbeugte, guten Morgen, Sonne, guten Morgen, Rose, guten Morgen, Baum. Es war das alles dem Kind in Japan von einer Kinderfrau eingelernt worden, aber wie es das kleine Ritual ausführte, mit welchem Ernst, mit welcher Unbefangenheit, ich möchte fragen, erinnerst du dich, aber ich frage nach allen Dingen von heute und über meine Zimmerwand schweben die Kinderaugen, ernst und zärtlich, oder die Erwachsenenaugen, ernst und zärtlich, und vergehen.

Zuletzt

Der Schauspieler, dem ein Glied nach dem andern, ein Organ nach dem andern den Dienst versagte, bewegte glücklich was er noch bewegen konnte, hob die Arme in Kreisen, faltete und spreizte die Hände, machte aus seinen Fingern spaßhafte Männchen, ließ seine Kopfhaut spielen, seine Ohren wackeln, seine Brauen sich wölben. Als ihm nichts mehr gehorchte als die Muskeln seines Gesichts, drückte er noch aus, was er früher ausgedrückt hatte, Sehnsucht, Bitterkeit, Liebesverlangen, Angst. Am Ende hatte er Macht nur über seine Stimme, die der Besucher von weitem schon hörte, wie sie flehte und drängte, zürnte und sich dann wieder ruhig tragen ließ. Es wurden danach aber auch die Stimmbänder von der allgemeinen Lähmung ergriffen. Der Schauspieler konnte nur die Augen noch auf- und zumachen, auf, zu, auf, zu aber keinen Ausdruck in seinen Blick legen, keinen Schmerz, keine Furcht, keinen Dank.

Fluchtgepäck

Vorräte anlegen, Fluchtgepäck richten, und das in aller Eile, die Zeit drängt. Alles in die blaue Leinentasche, aber was alles, Mehl und Fett oder Bibelsprüche, warmes Unterzeug oder Erinnerungen, Fotografien, an denen man sich nicht satt sehen kann, längst satt gesehen hat, Bücher, Platten, die man einmal geliebt hat, längst nicht mehr liebt. Wie das rollt durch die Stadt, lauter Supermarktwägelchen, vollgepackt und hier und dort wird etwas weggeworfen, so wichtig war das eigentlich gar nicht, und durch etwas anderes ersetzt. Was die Juden damals alles mitschleppten auf ihrem Weg durch die Goethestraße, nichts von Rollwägen, schwere Handkoffer, Rucksäcke obendrein. Jemand ist damals auf den Gedanken gekommen, einem Stern, einer Sternin tragen zu helfen, mitzugehen auf den Bahnhof, vielleicht in den Zug. Natürlich hat man nichts dergleichen getan, hat nur einem begleitenden SS-Mann einen zornigen, eisigen Blick zugeworfen, was für eine Heldentat, tatsächlich hat man danach gezittert, hat zitternd in das Schaufenster des Teppichgeschäftes Täbris gesehen. Die große Scheibe hat aber gespiegelt, und auf dem Grund orientalischer Brücken hat man die Juden vorbeiziehen sehen, noch stundenlang.

Im Dom

In der Kirche, dem aus dem 14. Jahrhundert stammenden Dom unserer Stadt, sind die Altarbilder beschmiert, die barocken Zierate abgeschlagen worden. An den Wänden steht in großen Buchstaben einiges geschrieben, grobe Aufforderungen zu sexuellen Handlungen, zu vollziehen am Stadtpfarrer, am Bischof, an Jesus Christus selbst. In den Kapellen liegen Kackhaufen, auf der Platte des Hochaltars Speisereste, offenbar hat dort eine Art von Liebesmahl stattgefunden, Wurst, Käse und Bier. Es ist auch möglich, daß auf den Altarstufen junge Leute sich umarmt haben. Zur Zeit ist die Kirche leer, die Portale stehen offen, durch die drei Schiffe fährt ein mächtiger Wind. Die einzig stehengebliebene Statue, der während des letzten Krieges halbverbrannte Erlöser, schwankt in gespenstischer Ohnmacht hin und her. Sein hölzerner Mund ist mit Lippenstift grellrot bemalt, auf seine Dornenkrone hat man rosane und grüne Lockenwikkel gesteckt.

Vorlesen

Ich lese aus meinem grünen Heft (italienisches Schulheft, Nepal, mit Landkarte und farbiger Marktszene) einiges vor und werde sogleich mit Vorwürfen überhäuft. Als wenn das Leben aus lauter so häßlichen Dingen bestünde, das ist ja nicht auszuhalten, und gerade von Ihnen, die einmal Tröstliches geschrieben hat, wenigstens zwischen den Zeilen war da etwas, ein wenig Menschenliebe, Gottesliebe, und gibt es nicht vielleicht auch jetzt noch Liebe in der Welt? Gibt es nicht noch immer Schönheit und Tapferkeit und Selbstüberwindung, wann werden Sie endlich von solchen Dingen sprechen, und ich antworte, bald, bald. Es gibt nur noch ein paar Kleinigkeiten zu bemerken, ein paar Unvollkommenheiten, Ungereimtheiten aufzudecken. Ein paar Angstträume zu erzählen. Danach werde ich von ganz anderen Sachen sprechen. Von den Pirouetten der Eiskunstläuferin vielleicht.

Leeres Papier

Seit einiger Zeit finde ich die tags zuvor von mir beschriebenen Blätter am Morgen, wenn ich mich zur Arbeit setze, leer. Ich kann mich auch beim besten Willen nicht erinnern, was ich da zu Papier gebracht habe. Die wenigen Worte, die etwa stehengeblieben sind, kann ich nicht entziffern, oft verbringe ich ganze Vormittage damit, an ihnen herumzurätseln, was ich herauslese, ergibt keinen Sinn. Allerdings kommt es auch vor, daß mich gerade diese närrischen Worte auf eine neue Spur setzen, die ich dann eifrig verfolge. Meine Hundenase wittert und wühlt, wieder habe ich etwas, das ich ans Tageslicht bringen kann. Am Abend sind zwei oder drei Seiten vollgeschrieben, die ich erfreut überlese. Am Morgen wird es sein wie gestern, alles verblichen und verschwunden, nur ein paar fadendünne Wörter stehengeblieben, hindostanisch, suaheli, Traumsprache, wenn ich nicht mit allem etwas anzufangen wüßte, stünde es schlimm.

Das Kummet

Der Hof war weit und sauber, von mehrstöckigen weißen Gebäuden umstellt. Eines der Gebäude diente der Viehvernichtung, ein anderes der Vernichtung landwirtschaftlicher Produkte, in einem dritten wurden Umschulungsanträge behandelt, in einem vierten befand sich die Bank. Die Kasse zahlte für jeden Hektar Ödland, jeden verschrotteten Traktor, jedes aufgegebene Anwesen, jeden leeren Stall. Die Bauern, die ihre Tiere und Maschinen, ihr Obst und ihre Feldfrucht abgeliefert hatten, kamen aus dem Bankgebäude in guter Laune, lachend und schwatzend bestiegen sie die Autobusse, die sie in ihre Gemeinden zurückfahren sollten. Zuletzt kam noch einer gelaufen, der in seiner einen Hand ein Bündel Banknoten und in der andern ein Kummet trug. Er stieg in den Autobus und versuchte das Kummet unterzubringen und alle, die da schon saßen und auf die Abfahrt warteten, brachen in lautes Gelächter aus. Aber nach einer Weile wurden sie still und starrten das Kummet an, das wunderlich sperrige, nutzlose Ding.

Puppenspieler

Der alte Puppenspieler ist tot, riefen die Puppen in ihrem windigen Häuschen auf dem Pincio, die Königin, der Präsident, die Blumenkinder, der Hanswurst und das Kokodrill. Endlich können wir uns bewegen, wie wir wollen, wir zappeln nicht mehr an seinen Drähten, seine Finger stecken nicht mehr in unseren Armen, Daumen und kleiner Finger und sein Mittelfinger in unserem Kopf. Die Stücke, die wir spielen, sind nicht mehr seine Erfindung, sie fangen nicht mehr an, wenn er den Vorhang aufzieht und enden nicht mehr, wenn er ihn herunterläßt. Er kann uns, wenn wir ausgedient haben, nicht mehr in die Mülltonne stecken, wir sind nicht mehr seine Kreaturen, auch nicht seine lieben Kinder, er hat keine Macht mehr über uns, er ist tot. Damit schickten die Puppen sich an, ihr erstes Stück zu spielen, das »Das Begräbnis des Puppenspielers« hieß. Sie gingen hinter einer schäbigen Kiste her, der sie von Zeit zu Zeit kräftige Fußtritte versetzten. Dazu sangen sie Spottlieder und weinten heuchlerische Tränen, die keines besser zustande brachte als das Kokodrill. Dieses Stück gefiel den Puppen so gut, daß sie es unaufhörlich wiederholten. Den Zuschauern gefiel es auch, aber mit der Zeit wurden sie unruhig. Sie hätten auch gern einmal etwas anderes gesehen.

Hobbyraum

Meine Söhne, sagt Herr Fahrenkamp, sind wortkarg genug. Ich frage sie dieses und jenes, ich bin kein Unmensch, es interessiert mich, was die Jugend denkt, schließlich war man selbst einmal jung. Wie soll nach eurer Ansicht die Zukunft aussehen, frage ich und bekomme keine Antwort, entweder meine Söhne wissen es selber nicht oder sie wollen sich nicht festlegen, es soll alles im Fluß bleiben, ein Fluß ohne Ufer sozusagen, mir geht das auf die Nerven, offen gesagt. Darüber, was es nicht mehr geben soll, äußern sich meine Söhne freimütiger, auch darüber, wen es nicht mehr geben soll, den Lehrer, den Richter, den Unternehmer, alles Leute, die unseren Staat aufgebaut haben, in größtenteils demokratischer Gesinnung, aus dem Nichts, wie man wohl behaupten kann, und das ist jetzt der Dank. Schön und gut, sagen meine Söhne, aber Ihr habt etwas versäumt, und ich frage, was wir versäumt haben, die Arbeiter sind zufrieden, alle Leute hier sind satt und zufrieden und was gehen uns die Einwohner von Bolivien an. Ihr habt etwas versäumt, sagen meine Söhne und gehen hinunter in den Hobbyraum, den ich ihnen vor kurzem habe einrichten lassen. Was sie dort treiben, weiß ich nicht. Meine Frau meint, daß sie mit Bastelarbeiten für Weihnachten beschäftigt sind.

Springbrunnen

Springbrunnen, die altmodischen höfischen, der Hochstrahlbrunnen in Wien und die Springbrunnen von Versailles, oder die neumodischen, die knatternden Wasserwände, Wasserfächer, von Regenbogenfarben angestrahlt, es ist doch alles dasselbe, der alte Kreislauf, das alte Unten Oben Unten Oben in wenige Minuten zusammengedrängt, unsere Kraft, unsere Lust, uns der Tiefe zu entreißen, hoch oben als Wolke, als Nebel zu tanzen, dann zurückzustürzen in den Schoß. Die Motoren, die hinter, unter solchem Aufschwung stecken, sind uns bekannt, wir haben aber doch unsere Lust, können uns, wie man sagt, nicht satt sehen, nicht satt leben an der alten Verwandlung. Stoff und Geist, Stoff und Geist, Elmsfeuer und Nordlicht, Tosen des Bergbachs und Rauschen der Brandung, hin und her oben unten, Bewegung Bewegung Leben alte Lust.

Großküche

In der Großküche, die auch ein Lehrbetrieb ist, wird allerhand zubereitet, Maisbrei und Schwarzwälder Torte, Tournedos und Wurzelgemüse, auch die Zubereitung unschädlich gemachter Leichenteile wird geübt. Es gibt nickelblitzende Herde mit Guckfenstern, hinter denen fetttriefend Poularden bräunen, aber auch primitive Feuerstellen und Aschenlöcher, ja sogar Steine zwischen denen man Grassamen zerreibt. Über den Herden hängen Diätvorschriften, Schlankheitsrezepte, keine Kohlenhydrate, kein Fett, keinen Zucker, ausschließlich Zucker, ausschließlich Fett. Über den primitiven Feuerstellen, die nicht von Köchen in hohen weißen Mützen, sondern von farbigen Elendsgestalten bedient werden, steht in allen Sprachen derselbe Satz. Hunger ist der beste Koch.

Deckadresse

Die Deckadresse der Maria G. lautet Maria G. Es ist die einer freundlichen älteren Frau, die in einer hübschen mit alten Möbeln ausgestatteten Wohnung lebt und für jeden zu sprechen ist. Die Tee einschenkt, wenig von sich redet, viel fragt, den andern zu Wort kommen läßt, zu seinem Wort. Während Maria G. jung, zumindest ohne jedes Alter ist, ungeduldig, unduldsam, von Menschen rasch ermüdet, dabei selbst schwatzhaft, geltungssüchtig und voll Zorn. Sie möchte Grimassen schneiden, Schimpfworte gebrauchen, Koseworte, einen Gast an den Haaren reißen, einen Gast in blinder Liebe umarmen. Mit dem was sie schreibt, ist sie nie zufrieden, sie glaubt aber, daß sie noch Zeit hat, es besser zu machen, weil sie sich nicht vorstellen kann, daß das Leben zu Ende geht. Sie hat Ängste und furchtbare Träume, lebt deswegen zeitweise unter ihrer Deckadresse, bildet sich dann ein zu sein wie diese Frau Maria G., gottergeben, todergeben, voller Liebe und Geduld.

Zu Hause

Die ersten, die zurückkamen, erregten durch ihre frischen Stimmen, ihr gutes Aussehen und ihr normales Verhalten Erstaunen. Sie schlugen uns auf die Schultern, fragten, nun wie gehts auf der alten Erde, und freuten sich offensichtlich, uns wiederzusehen. Ihre Frage war rhetorisch, sie sind dort über alles, was uns betrifft genau im Bilde, so wie auch wir über das Leben auf der Weltraumstation genau im Bilde sind. Wir kennen nicht nur ihre Arbeitsstätten und ihre etwas öden aber bequemen Wohnungen, sondern auch ihre künstlichen Gärten, Maiglöckchen aus Plastik mit Maiglöckchenparfum, Rasen aus Plastik mit dem Geruch von frischem Gras. Auch das runde mit Humus gefüllte und von vier Weltraumpolizisten Tag und Nacht bewachte Becken, das im Mittelpunkt ihrer öffentlichen Anlage steht, ist uns bekannt. Wir bedauern diese armen Menschen mit ihren Plastikblumen und ihrem Humusbecken und natürlich hatten wir uns schon lange überlegt, wie wir ihnen eine Freude machen könnten. Schließlich waren wir darauf verfallen, sie gleich nach ihrer Ankunft in einen Wald zu fahren. Der Wald war recht abgelegen, es gab in ihm noch einsame Tümpel, schroffe Felsen und dickes Moos. Wir erwarteten, daß die Heimkehrer darüber in Entzücken geraten, ja daß sie sich womöglich auf den Boden werfen und das Moos und die feuchten Herbstblätter aufwühlen würden. Sie taten aber nichts dergleichen, sondern standen höflich gelangweilt herum. Dann verlangten sie zurück in die Stadt. Sie wollten das

Fernsehprogramm nicht versäumen, die Nachrichten von dort. (Von zu Hause, sagten sie.)

Zimmertraum

Das mir angewiesene Zimmer war leer. An drei Seiten befanden sich weiße Wandschränke, an der vierten eine Scheibe, dahinter die Nacht. Gleich bei der Türe hing ein Schaltbrett mit Knöpfen, die kleine Aufschriften trugen. Bett, Waschtisch, Bücher, Schreibpult, Fernsehen, Abfall, Bar, was alles, sobald ich auf den entsprechenden Knopf drückte, geräuschlos aus der Schrankwand glitt. Einige Knöpfe waren nicht beschriftet und ich wagte lange nicht sie zu berühren. Schließlich drückte ich doch auf einen von ihnen, und eine Gruppe von Zinnsoldaten fuhr auf einer kleinen Plattform mit Windeseile aus der Wand. Schon glaubte ich Federbüsche und kleine, auf mich gerichtete Gewehre zu erkennen. Es stellte sich aber heraus, daß die zierliche Gruppe gar nicht aus Soldaten, sondern aus jungen tanzenden Leuten bestand. Was ich für Federbüsche gehalten hatte, waren ihre flatternden Haare, sie hüpften und sprangen, eine Musik ertönte dazu nicht.

Film

Bewegliche Linse, die Wiesenstürze, Waldränder abstreichend, Zoom, herholend die Ferne, die Klappe geschlagen, den Text nicht auswendig gewußt. Auf weißem Stuhl an weißem Tisch gesessen, nasses Gras um die Beine, Eiswind um die Stirne, vor mir die alberne Rose im Glas. Unterbrochen wird beim Schuß im Wald, beim Brummen des Flugzeugs unter dem Himmel, beim Hellerwerden, beim Dunklerwerden. Das erste Haus im Tal heißt das Judenhaus, an die Judenkinder denke ich, schäme mich, auf dem Weg sitzt der kleine Rehbock mit den gebrochenen Beinen, sitzt aufrecht, äugt, es tut ihm nichts weh. Klappe Kaschnitz 2 b c, womit anfangen, mit dem Oberdorf, mit dem Unterdorf, mit dem Friedhof, mit dem Wald. Unterbrechen, weil eine Fliege mir ums Gesicht surrt, weil die Glocken läuten bim bam bim bam, die Mulde fährt Karussell um das Dorf, mein Dorf steht spiegelverkehrt am Himmel.

Worte

Ein Wörterbuch anlegen, ein Verzeichnis der seit Jahrzehnten bevorzugten Worte, da käme man sich auf die Schliche, auf die Farben, auf die Objekte, 357mal Wind, 468mal Wasser, viele Kastanien, viele Platanen, keine Fichte, vielmals Wolken, so gut wie keine Sterne, warum eigentlich nicht. Großes Aufheben um die Monate Juni, September, Oktober, Schnee einmal in einem mächtigen Klumpen, sonst kaum vorhanden, Regen, Fehlanzeige, Gewitter beliebt. Beliebt auch Bäche, Brunnen, Flüsse, Wanderdünen, Moos, Thymian, Sonnenblumen im Verblühen, Asphodelos und ein gewisser Wald überm See. Alle Tauben sind grau, nicht weiß, Vögel erscheinen in Vogelzügen, sonst gibt es nicht viele Tiere, jedenfalls keine lebendigen, die Thunfische am Strand werden geschlachtet, ein junges Rind steht eisverkrustet im Schnee. Rosen gibt es viele, aber auch Herbstzeitlosen und Wollgras, Wildnis der Ruinenlandschaften, Hochhäuser, Eisenbahnzüge, Autostraßen, Syrakus und Leverkusen, Rauch und Nesseln und einige Male Mais. Das Zählen wird auf die Dauer langweilig, da möchte man lieber ein Bild malen, auf dem das alles dargestellt ist, nebeneinander, untereinander, durcheinander, Mais, Moos, Rosen, graue Taube, geschlachteter Thunfisch, Ruinenstädte und Zugvögel, nicht zu vergessen der kleine Sonnenkegel, der im atlantischen Ozean versinkt.

Stempel

Die Stempelhersteller haben gute Zeit. Nicht nur die Kinder bestempeln mit ihren selbst zusammengesetzten Namen ihre Zimmerwände, ihr Spielzeug und ihre Kopfkissen, auch die alten Leute finden großes Vergnügen daran, ihren Namen wo sie nur können, zu hinterlassen. Bei den jungen Leuten hingegen gilt der eigene Name nicht viel. Sie bevorzugen Stempel mit Devisen (Namen, Worten und ganzen Sätzen), die der Ausdruck ihrer Wünsche sind. Ihre Wünsche gelten dem Ende der Unterdrückung, der Grausamkeiten und der Foltern und dem Anbruch eines Zeitalters, in dem Gerechtigkeit und Frieden herrschen. Die Farbkissen, auf die sie ihre Stempel drücken, sind nicht mehr tintenblau sondern rot.

Nacktschneckensommer

Nacktschneckensommer, Scheinwerferkegel, Segmente aus Nebelnässe, am Scheibenwischer die emsig beiseitegeschobenen Tränen. Bäume wie Klageweiber Heere von schwärzlichen Garben Wagen in endlosen Zügen die Pässe hinauf entgegen gespenstisch sonnigem Ferienland schneller und schneller weil die Tage schon kürzer werden schneller und schneller weil schon der Sommer vergeht. Überholen ins Schleudern geraten gegen die Leitplanke prallen o ihr kopflosen Liebespaare verkohlenden Greise Kinderhände die noch ein Spielzeug und wenigstens eines wollten wir doch unsere Ruhe während der Regen die Scheiben der Hagel die Scheiben im Rundfunk die Sendung Ferien auf dem Balkon.

Schrott und Schrott

Im großen Saal des Volksbildungsheims wird eine Ausstellung der heute bevorzugten Malgegenstände gezeigt. Es sind dort also keine Bilder zu sehen, sondern die dargestellten Objekte selbst. Eingedellte Verkehrsschilder, löchrige Säcke, schrottreifes Autozubehör, verrostete Kanister, verbogene Heizungsröhren, geplatzter Asphalt. Ich wundere mich nicht, daß in dieser sauberen wohlaufgebauten Stadt gerade solche Dinge den Malern in die Augen fallen. Es kommt mir aber darüber etwas in den Sinn. Ich erinnere mich an die Zeichnungen einer Schulklasse aus dem Taunus, die man nach der Zerstörung der Stadt Frankfurt in das verwüstete Zentrum geführt und der man die Aufgabe gestellt hatte, ihre Eindrücke nach eigenem Ermessen wiederzugeben. Auf den Blättern dieser Kinder, die nichts als Schrott, Brandschutt und Ruinen gesehen hatten, standen alle Häuser aufrecht bis zum Gesims, schwangen die zerstörten Brücken sich unversehrt von Ufer zu Ufer, erhoben sich die zerfetzten Bäume makellos in vollem Laub.

Aus dem deutschen Wortschatz

Schimmer Schummer Knall Krach Heldenbutter Bullenei trübe Trübsal finster Furcht Mief Muff Moder Mord glühend glänzend feurig schnell Seele selig Allerseelen Rose Rose Reseda.

Metaphysik

Es gibt Menschen, die ohne Metaphysik oder, um es deutlicher zu sagen, ohne Gott nicht auskommen können. Sie verlangen nichts von ihm und stellen ihn nicht zur Rede, eine sinnliche Vorstellung (alter Vater) haben sie schon lange nicht mehr. Sie suchen ihn nicht in der Kirche, aber auch nicht im Wald. Am ehesten noch in den Augen ihrer Mitmenschen. Auch in den Augen derer, die ihn leugnen? Gerade in diesen, ja.

Bleibt uns vom Leibe

Wir haben das erlebt, die ersten Bausteine, die von Hand zu Hand gingen, die Wand, die nicht mehr da war, dann wieder da war, stand. Oder die erste große Glasscheibe, in der sich die Wolken spiegelten, ein Wunder, und den ersten neuen Dachstock in der Ruinenlandschaft, da ging man hin am Abend, einmal, zweimal, dreimal, sah ihn sich an, die Sparren, das frische rötliche Holz. Nicht zu beschreiben, dieser Kloß von Hoffnung in der Kehle, diese Genugtuung im leeren Bauch. Jetzt werden die ersten Steine aus den Mauern oder aus dem Straßenpflaster gerissen und als Wurfgeschosse verwendet, jetzt gehen die ersten großen Glasscheiben in Trümmer, das erste Gebäude brennt. Eine Generation kann den nächsten Generationen nichts mitteilen als Daten, die alten Fotografien unserer zerfetzten Städte will kein junger Mensch mehr sehen. Bleibt uns vom Leibe mit euren schmutzigen Erinnerungen, eurer Sentimentalität. Vom Leibe, am Leibe, nur der eigene Leib speichert, was gewesen ist, aller Zellenerneuerung zum Trotz.

Schöne Fremde

Die fremden Länder sind in uns, kriechen heraus, lagern sich über das Vertraute, strecken ihre weißen Krokodilköpfe aus dem Dutzendteich. Wer gereist ist, hat sein Schäfchen im trockenen, sein Erinnerungsschäfchen, kann es streicheln, es spielt sich ihm in die Hände; zur Zeit zur Unzeit, das alte Goldene Vlies. Was sagten Sie eben, wer das Rennen gewinnen wird, Fiat oder Vauweh, und, Fiat sagst du (oder Vauweh) obwohl du darüber gar keine Meinung und auch etwas ganz anderes vor Augen hast, nämlich einen gelben Raddampfer auf einer Lagune an der brasilianischen Küste und warum gerade diesen, dieses tropische Abendufer nicht weit von Santos, und der Friedhof von Torres kommt auch noch geschwommen, schiebt sich über die weißgedeckte Festtafel mit seinen herausgewühlten Schädeln, seinen Giftschlangen, komm, setzen wir uns auf den Malstein, ziehen die Knie an. Die Fremde ist schön, die Fremde ist traurig, Sie sind zerstreut heute abend, ja entschuldigen Sie, ich bin zerstreut.

Scherben bringen Glück

Ich kenne einen jungen Vater, der sich freut, wenn sein kleiner Sohn ihn anbrüllt oder den Teller vom Tisch fegt, den er ausessen soll, aber nicht ausessen will. Sein Bub soll nie ein schlechtes Gewissen haben, weil ein schlechtes Gewissen schlecht macht. Er soll nie denken, daß ein Vater ein höheres Wesen sei, weil er selbst dadurch zu einem niederen Wesen wird. Du wirst, sagt ihm der Vater oftmals, eines Tages größer und stärker sein als ich. Du wirst auch gescheiter sein, weil alle Kinder gescheiter als ihre Eltern sind. Dabei denkt der Vater an die geheimen Informationen, welche von den Kindern mit der Atemluft eingesogen werden, die ihnen selbstverständlich sind und auf die sie darum nicht stolz sein können. Der Teller hingegen, der auf dem Steinboden zersplittert, macht den kleinen Jungen stolz. Er hat den Willen seines Vaters gebrochen, jetzt kann er großmütig sein.

Die alten und die neuen Berufe

Der Bäcker der Fleischer der Seiler der Handschuhmacher der Rikschafahrer der Fischer der Kupferschmied der Ebenist die Hebamme der Holzfäller der Gefangenenwärter der Henker. Der Fahrstuhlführer der Raumpilot der Werbefachmann der Müllplanologe der Reiseleiter der Fernsehreporter die Phonotypistin der Herzverpflanzer der Programmierer der Froschmann der Gefangenenwärter der Henker.

Ansprüche an eine geschmückte Umgebung sind etwas städtisches, *unser* Traum von Natur in kleine Bilder zusammengedrängt, ein Teich mit Schwänen, eine Bank unter Trauerweiden, ein Rosenrondell im Park. Auf dem *Dorf* taucht dergleichen jetzt auch auf, Geranienkästen am Brückengeländer, Rasenflächen neben der Schule, vor dem Rathaus die alte Feuerspritze, bunt angemalt und mit Fuchsien bepflanzt. Was *soll* das, hätten die Dörfler früher gefragt, würden es vielleicht auch heute noch fragen, wäre da nicht der Wettbewerb, der Fernsehwagen, der ausgeschriebene Preis. Schön, *schöner,* am schönsten, voll städtischen Zierats, während die ersten Industrieanlagen, die ersten Hochhäuser die schweigenden Waldränder schon bald verdecken *werden.*

Zufrieden

K. ist herzlich zufrieden in dem Gedanken, daß durch die Weltraumfahrt den Erdbewohnern neue Territorien erschlossen werden. Sie sieht darin eine Möglichkeit, die Angriffslust der Menschen abzulenken und ihren Hunger zu stillen. Wenn man ihr die schauerliche Öde des Mondes vor Augen stellt, meint sie, daß es gewiß andere Gestirne mit Vegetation und menschenähnlichen Lebewesen gebe. Sie fliegt gern und jeder steile Jetstart erfüllt sie mit der stürmischen Freude der Konquistadoren. Dabei ist sie keine Schwärmerin, hat einen Zahlenverstand und solide technische Kenntnisse. Sie ist überzeugt davon, daß die Errechenbarkeit des Weltalls diesem seinen mythischen Schrecken nimmt. Seine Einbeziehung in die vom Menschen verwaltete Welt erfüllt sie nicht mit Furcht, sondern mit Genugtuung. Daß Gott täglich ein Stück weiter wegrückt, gibt ihr mehr Handlungsfreiheit, mehr Platz zum Glauben.

Ein ruhiges Haus

Ein ruhiges Haus, sagen Sie? Ja, jetzt ist es ein ruhiges Haus. Aber noch vor kurzem war es die Hölle. Über uns und unter uns Familien mit kleinen Kindern, stellen Sie sich das vor. Das Geheul und Geschrei, die Streitereien, das Trampeln und Scharren der kleinen zornigen Füße. Zuerst haben wir nur den Besenstiel gegen den Fußboden und gegen die Decke gestoßen. Als das nichts half, hat mein Mann telefoniert. Ja, entschuldigen Sie, haben die Eltern gesagt, die Kleine zahnt, oder die Zwillinge lernen gerade laufen. Natürlich haben wir uns mit solchen Ausreden nicht zufriedengegeben. Mein Mann hat sich beim Hauswirt beschwert, jede Woche einmal, dann war das Maß voll. Der Hauswirt hat den Leuten oben und den Leuten unten Briefe geschrieben und ihnen mit der fristlosen Kündigung gedroht. Danach ist es gleich besser geworden. Die Wohnungen hier sind nicht allzu teuer und diese jungen Ehepaare haben gar nicht das Geld, umzuziehen. Wie sie die Kinder zum Schweigen gebracht haben? Ja, genau weiß ich das nicht. Ich glaube, sie binden sie jetzt an den Bettpfosten fest, so daß sie nur kriechen können. Das macht weniger Lärm. Wahrscheinlich bekommen sie starke Beruhigungsmittel. Sie schreien und juchzen nicht mehr, sondern plappern nur noch vor sich hin, ganz leise, wie im Schlaf. Jetzt grüßen wir die Eltern wieder, wenn wir ihnen auf der Treppe begegnen. Wie geht es den Kindern, fragen wir sogar. Gut, sagen die Eltern. Warum sie dabei Tränen in den Augen haben, weiß ich nicht.

Schwester-Schwester

Du bist jetzt acht Jahre tot, sage ich zu meiner Schwester, willst du wissen, was inzwischen geschehen ist? Nein, sagt meine Schwester. Gut, sage ich, dann erzähle ich es dir. Der Vietnamkrieg ist noch immer nicht zu Ende. Das war vorauszusehen, sagt meine Schwester. Noch immer, sage ich, hat man kein Mittel gegen den Krebs gefunden. An irgend etwas muß man sterben, sagt meine Schwester. Es gibt jetzt, sage ich, Flugzeuge, in denen fünfhundert Menschen Platz haben und die in wenigen Stunden von Europa nach Amerika fliegen. Das interessiert mich nicht, sagt meine Schwester. Alle Rechnungen, sage ich, werden von den Computern ausgeführt. Sie speichern alles Wissen der Welt und man kann ihnen Fragen stellen. Das verstehe ich nicht, sagt meine Schwester. Du hast doch Jura studiert, sage ich. Vielleicht interessiert es dich, daß die Angeklagten vor den Richtern nicht mehr aufstehen und daß die Zeugen den Gerichtssaal verunreinigen. Das verurteile ich, sagt meine Schwester. Vielleicht, sage ich, möchtest du auch wissen, daß Eltern heutzutage die größte Mühe haben, ihre Kinder zu erziehen. Daß sie von ihnen nichts als freche Antworten und sogar Schläge bekommen. Das geschieht ihnen recht, sagt meine Schwester. Man ist, sage ich, vor kurzem um den Mond geflogen. Man hat von dort Aufnahmen gemacht und auf diesen Aufnahmen war die Erde blau wie ein Saphir. Das hätte ich gern gesehen, sagt meine Schwester.

Fallen – Gefallen

Einer fällt oft in die Grube, aber immer auf die Füße, oft jemandem in die Hände, aber nie einem zur Last, oft auf die Nase, nie auf die Knie, allen in die Rede, keinem auf die Nerven, gern mit der Tür ins Haus. Immer wieder aus allen Wolken, immer wieder in Gottes Schoß.

Versicherung

Ich bin gegen allerlei Unbill, allerlei Schäden versichert. Weshalb der Fluß ruhig über seine Ufer in meinen Keller treten, der Sturm mein Dach abdecken, der Hagel meine Scheiben zerschlagen, der Gast meine Treppe hinunterfallen, das Nachbarskind sich auf den Lanzen meines Gartengitters aufspießen kann. Meine Reisen sind versichert, mein Daheimbleiben, meine Kleider, mein Hausrat, mein Körper gegen Krankheit, mein Grab gegen Vernachlässigung, meine Zähne gegen Verfall. Da auf diesem Gebiet noch vieles geplant ist und die zahlreichen bereits erstellten Versicherungstürme nicht mehr ausreichen, hat man mit der Zwangsevakuierung der Stadtbevölkerung begonnen. Auch ich habe meine hübsche Wohnung verlassen und mich weit draußen am Ackerrand ansiedeln müssen. Seit es keine anderen Arbeitsplätze mehr gibt, arbeite auch ich bei einer Versicherung. Es ist selbstverständlich, daß ich nicht nur gegen Unfälle auf dem Weg, sondern auch gegen die Sonntagsschwermut, die Einsamkeit und das Vermissen der Toten versichert bin.

Das letzte Buch

Das Kind kam heute spät aus der Schule heim. Wir waren im Museum, sagte es. Wir haben das letzte Buch gesehen. Unwillkürlich blickte ich auf die lange Wand unseres Wohnzimmers, die früher einmal mehrere Regale voller Bücher verdeckt haben, die aber jetzt leer ist und weiß getüncht, damit das neue plastische Fernsehen darauf erscheinen kann. Ja und, sagte ich erschrocken, was war das für ein Buch? Eben ein Buch, sagte das Kind. Es hat einen Deckel und einen Rücken und Seiten, die man umblättern kann. Und was war darin gedruckt, fragte ich. Das kann ich doch nicht wissen, sagte das Kind. Wir durften es nicht anfassen. Es liegt unter Glas. Schade, sagte ich. Aber das Kind war schon weggesprungen, um an den Knöpfen des Fernsehapparates zu drehen. Die große weiße Wand fing sich an zu beleben, sie zeigte eine Herde von Elefanten, die im Dschungel eine Furt durchqueren. Der trübe Fluß schmatzte, die eingeborenen Treiber schrieen. Das Kind hockte auf dem Teppich und sah die riesigen Tiere mit Entzücken an. Was kann da schon drinstehen, murmelte es, in so einem Buch.

Fragezeichen

Ein Buch herausgeben, das aus lauter Fragen besteht. Die Fragen befinden sich oben auf jeder Seite, darunter ist Raum für, sagen wir, fünf Eintragungen, die durch fünf Jahreszahlen gekennzeichnet sind. Alle fünf Jahre soll etwas eingetragen werden, eine Antwort auf die oben gestellten Fragen. Die könnten, um nur einige Beispiele zu nennen, etwa lauten: Haben Sie noch ein Gefühl für die Schönheit der Natur? Glauben Sie noch an das Gute im Menschen? Wen würden Sie bei einer Katastrophe zuerst retten, sich selbst, Ihre Frau oder Geliebte, Ihren Mann, Ihre Kinder, Ihren Freund. Wie stehen Sie zur Kriegsdienstverweigerung. Wie oft am Tage denken Sie an den Tod. Und so weiter. Das Spannende wäre, ob die Antworten immer gleich, oder, im Lauf der Jahrfünfte, verschieden ausfallen, und warum gleich, warum verschieden. Haben wir uns denn gar nicht entwickelt, können wir uns selbst nicht treu bleiben, was ist mit uns geschehen.

Herr Bottersack

Herr Bottersack hat ein schönes Haus im Grünen, aber nicht mehr die rechte Freude daran, hat Sammlungen von bedeutenden Kunstgegenständen, aber nicht mehr die rechte Freude daran. Es gibt Einbrecherbanden, die bestehen aus Kennern, aus Experten, könnte man sagen, sie halten sich die Zeitschrift *La connaissance des arts,* in der immer wieder berühmte Sammlungen abgebildet werden, auch Herrn Bottersacks Schätze hat man dort gesehen. Herr Bottersack hat sich mit der Polizei längst in Verbindung gesetzt, er hat Alarmanlagen einbauen lassen, die seine Frau schon zweimal versehentlich in Tätigkeit gesetzt hat, schaurig haben die Sirenen geklungen und mit der Polizei hat man Ärger gehabt. Herr Bottersack wagt nicht mehr zu verreisen, sein Personal hat ihm gekündigt, er verläßt das Haus am Abend nicht mehr. Nachts kann er nicht schlafen, er hört seltsame Geräusche, auch eine Alarmanlage kann man unschädlich machen, der Dieb, vielleicht Mörder, steht unter Umständen bereits hinter der Tür. Nach einer solchen Nacht vielleicht wird Herr Bottersack den Telephonhörer abnehmen, er wird verlangen, den Museumsdirektor zu sprechen. Eine Leihgabe, schwierig – eine Schenkung, ja, in Gottes Namen, und alles so schnell wie möglich aus dem Haus. Kurze Zeit darauf wird Herr Bottersack pfeifend durch seine leeren Zimmer gehen. Er hat sich enteignet, seine erwachsenen Kinder schelten, aber ihm geht es gut.

Der Student

Der Student kommt in das bürgerliche Haus mit Unwillen, nur des leichten Geldverdienens wegen, er hat seine Bücher und Hefte mitgebracht, es kann ja sein, daß die Kinder schlafen, gewonnenes Geld, gewonnene Zeit. Die Eltern, gepflegt angezogen, verabschieden sich. Die Kinder, zwei Jungen und ein Mädchen, werden ihm noch gezeigt, sie schlafen in der Tat, rosig in rosa geblümten Nachtkleidern, die Arme über dem Kopf. Der Student fängt an zu lesen, macht sich Notizen, hört die Uhr zwölf Uhr schlagen, vergißt die Zeit. Plötzlich stehen alle drei Kinder vor ihm und sehen ihn feindselig an. Der Student fordert sie freundlich auf, sich wieder schlafen zu legen, er will das kleine Mädchen bei der Hand nehmen, aber das Kind ballt die Hand zur Faust. Plötzlich fangen alle drei Kinder an zu schreien, gellend, wie einstudiert, man hört es gewiß überall im Haus. Seid um Gottes willen still, sagt der Student und wundert sich über die altmodische Redewendung, die er da gebraucht. Den Kindern macht sie keinen Eindruck, sie rufen ihm jetzt Schimpfworte und die allerunanständigsten zu. Das kleine Mädchen fordert ihn auf, seinen Hosenlatz zu öffnen, als er es nicht tut, zerreißt sie sein Heft und streut die Fetzen auf den Spannteppich, wo sie in der Zugluft tanzen. Der Student, der jetzt sehr wütend ist, schlägt vor, ein Spiel zu spielen. Ja, rufen die drei Kinder, wir spielen totmachen, wir machen dich tot. Sie haben plötzlich kleine Pistolen in den Händen und schießen, daß dem Studenten die Ohren gellen. Den

Schlüssel, der sich im Schloß dreht, hört er nicht, aber die Kinder hören ihn, springen in ihre Betten, liegen da ruhig, rosig, die Hände über dem Kopf. Die Eltern entlassen den Studenten eisig, daß er auf seinen Lohn verzichtet, finden sie selbstverständlich, er hat versagt.

Wer ist's

Bis vor kurzem, sagten sie, waren wir oft Totgeglaubten noch recht lebendig, wir schmatzten in einsamen Weihern, raunten in deutschen Wäldern, unser Einfluß bei der Bundestagswahl war nicht gering. Wir fühlen uns aber schon seit langem unbehaglich, dieser Lärm, diese fortwährende Bewegung, diese unangenehmen Materialien, Glas, Eisen, Zement und die Erde mit Asphalt überklebt. Männerumtriebe, wie wir sie schon oft gehabt und schließlich immer wieder überstanden haben? Vielleicht. Es ist aber jetzt alles anders als etwa im Trojanischen Krieg, wo auf das Orakel noch gehört wurde und selbst das indiskutable Gestammel unserer Tochter Kassandra einigen Eindruck machte. Jetzt schlagen sich die Frauen auf die Seite der Männer, rufen »alles schneller, alles schöner, alles besser« und fürchten sich vor nichts. Nach uns fragt keiner mehr und wenn wir versuchen, uns auf die alte dämonische Weise bemerkbar zu machen, ernten wir nur Spott. Die Zeiten, in denen wir von Dichtern, wenn auch in selten aufgeführten Theaterstücken, noch besungen wurden, sind wohl für immer vorbei.

Was wir noch können

Was ist, was sein wird, womöglich sein wird, und daß wir solche Dinge wahrnehmen und beklagen, Grausamkeiten noch wahrnehmen und beklagen, Ungerechtigkeiten noch wahrnehmen und beklagen, während es doch denkbar wäre, eine Zeit denkbar wäre, in der wir umherkriechen empfindungslos, in der uns nichts mehr angeht, unter die Haut geht, neben uns schreit ein Sterbender und wir wenden den Kopf nicht, neben uns wird ein Kind gegen eine Mauer geschleudert und wir erschrecken nicht. Demgegenüber scheint auf jeder noch so bescheidenen Anteilnahme, jedem noch so billigen Erbarmen der Schimmer eines goldenen Zeitalters zu liegen. Wir können noch sehen, wir können noch hören, wir können noch leiden, noch lieben.

Amselsturm

Angenehme Vorstellungen von Dingen, die noch nicht sind, aber sein werden, zum Beispiel im März, wenn wieder einmal keine einzige Knospe zu sehen, kein Frühlingslufthauch zu spüren ist, während doch gegen Abend der Amselsturm sich erhebt. Blüten aus Terzen, Blätter aus Quinten, Sonne aus Trillern, ganze Landschaften aus Tönen aufgebaut. Frühlingslandschaften, rosaweiße Apfelbäume vor blauen Gewitterwolken, Sumpfdotterbäche talabwärts, rötlicher Schleier über den Buchenwäldern, Sonne auf den Lidern, Sonne auf der ausgestreckten Hand. Lauter Erfreuliches, was doch auch in anderer Beziehung, zum Beispiel in der Beziehung der Menschen zueinander eintreten könnte, Freude, Erkennen. Hinz liebt Kunz, Kunz umarmt Hinz, Hinz und Kunz lachen einander an. Amselsturm hinter den Regenschleiern und wer sagt, daß in dem undurchsichtigen Sack Zukunft nicht auch ein Entzücken steckt.

Inhalt

Steht noch dahin 7
1001 Nacht 8
Nachrichten 9
Die Kinder 10
Im Bockshorn 11
Lesefrucht 12
Es läßt sich leben 13
Erklärung 14
Popocatepetl 1968 15
Ein Hinterwäldler 16
Brandsatz 17
Traum 18
Appetit 19
Zum Geburtstag 20
Ohne Tod 21
Theaterplatz 22
Das Meer nicht mehr 23
Ein Mensch 24
Schläfrig 25
Haare 26
National 27
Enfant inconnu 28
Schlafwagen 29
Grabbeigaben 30
Harlekinaden 31
Aus großer Zeit 32
Museum 33
Tarantella 34
Pause 35

Die Luchse 36
Sioux 37
E. Z. 38
Soldat 39
Warmer November 40
Futurologie 41
Drohbrief 42
Mitsou San 43
Zuletzt 44
Fluchtgepäck 45
Im Dom 46
Vorlesen 47
Leeres Papier 48
Das Kummet 49
Puppenspieler 50
Hobbyraum 51
Springbrunnen 52
Großküche 53
Deckadresse 54
Zu Hause 55
Zimmertraum 57
Film 58
Worte 59
Stempel 60
Nacktschneckensommer 61
Schrott und Schrott 62
Aus dem deutschen Wortschatz 63
Metaphysik 64
Bleibt uns vom Leibe 65
Schöne Fremde 66
Scherben bringen Glück 67

Die alten und die neuen Berufe 68
Wettbewerb 69
Zufrieden 70
Ein ruhiges Haus 71
Schwester – Schwester 72
Fallen – Gefallen 73
Versicherung 74
Das letzte Buch 75
Fragezeichen 76
Herr Bottersack 77
Der Student 78
Wer ist's 80
Was wir noch können 81
Amselsturm 82

Zeittafel

1901	geboren am 31. Januar in Karlsruhe
1925	Heirat mit dem Wiener Archäologen Guido Kaschnitz von Weinberg
1932	Freiburg/Breisgau
1933	Königsberg *Liebe beginnt*
1937	Marburg/Lahn *Elissa*
1941	Frankfurt/Main
1947	Gedichte
1949	*Gustave Courbet.* 1967 Neuauflage im Insel Verlag *Die Wahrheit, nicht der Traum. Das Leben des Malers Courbet*
1950	*Zukunftsmusik.* Lyrik
1951	*Das dicke Kind und andere Erzählungen*
1952	*Ewige Stadt.* Lyrik
1955	Georg-Büchner-Preis
1956	*Das Haus der Kindheit*
1957	*Neue Gedichte* Immermann-Preis der Stadt Düsseldorf
1960	*Lange Schatten* Lehrstuhl für Poetik der Johann Wolfgang Goethe-Universität Frankfurt
1961	Gast der Villa Massimo – Lesereise in Südamerika
1962	*Dein Schweigen – meine Stimme.* Lyrik
1964	Georg-Mackensen-Literaturpreis des Georg-Westermann-Verlages Ehrengabe des Kulturkreises im Bundesverband der Deutschen Industrie
1965	*Ein Wort weiter.* Lyrik *Überallnie.* Lyrik
1966	*Ferngespräche* Goethe-Plakette der Stadt Frankfurt *Beschreibung eines Dorfes*
1967	Ehrenbürgerin des Heimatortes Bollschweil Wahl in den Orden Pour le Mérite Ehrendoktor der Universität Frankfurt am Main
1968	*Tage, Tage, Jahre*
1969	*Vogel Rock*
1970	*Steht noch dahin* Hebel-Preis
1971	*Zwischen Immer und Nie*
1972	*Kein Zauberspruch.* Gedichte *Eisbären.* Erzählungen
1973	*Orte.* Aufzeichnungen
1974	gestorben am 10. Oktober in Rom. Beigesetzt in Bollschweil/Brsg.

Von Marie Luise Kaschnitz erschienen im Suhrkamp Verlag

Beschreibung eines Dorfes. Nachwort von Walter Helmut Fritz. 1966. edition suhrkamp 188, 76 Seiten, und Bibliothek Suhrkamp 645, 106 Seiten

Vogel Rock. Unheimliche Geschichten. 1969. Bibliothek Suhrkamp 231. 96 Seiten

Steht noch dahin. Prosaskizzen. 1972. suhrkamp taschenbuch 57

Gedichte. Auswahl und Nachwort von Peter Huchel. 1975. Bibliothek Suhrkamp 436. 200 Seiten

Orte. Aufzeichnungen. 1976. Bibliothek Suhrkamp 486. 244 Seiten

Zwischen Immer und Nie. Gestalten und Themen der Dichtung. 1977. suhrkamp taschenbuch 245

Der alte Garten. 1977. suhrkamp taschenbuch 387

Ein Lesebuch. Herausgegeben von Heinrich Vormweg. 1980. suhrkamp taschenbuch 647

Von Marie Luise Kaschnitz erschienen im Insel Verlag

Gesammelte Werke in acht Bänden. Herausgegeben von Klaus Schultz.
Band 1: Romane, Märchen, Mythen
Band 2: Autobiographische Prosa. Aufzeichnungen

Ferngespräche. Erzählungen. 1966. Leinen. 281 Seiten
Tage, Tage, Jahre. Aufzeichnungen. 1969. Leinen. 368 Seiten
Die Wahrheit, nicht der Traum. Das Leben des Malers Courbet. Mit 8 Abbildungen. 1978. 215 Seiten. insel taschenbuch Band 327
Steht noch dahin. Neue Prosa. 1970. Englische Broschur. 84 Seiten
Zwischen Immer und Nie. Gestalten und Themen der Dichtung. Mit einem Nachwort von Hans Bender. 1971. Leinen. 320 Seiten
Orte. Aufzeichnungen. 1973. Leinen. 250 Seiten
Eisbären. Erzählungen. 1972. 192 Seiten. insel taschenbuch 4
Kein Zauberspruch. Gedichte. 1972. Leinen. 146 Seiten

Ein Lesebuch. Herausgegeben von Heinrich Vormweg. 1975. Leinen. 300 Seiten

Herausgegeben von Marie Luise Kaschnitz
Deutsche Erzähler. Band II. 1971. Leinen. 706 Seiten

Alphabetisches Gesamtverzeichnis der suhrkamp taschenbücher

Achternbusch, Alexanderschlacht 61
– Die Stunde des Todes 449
– Happy oder Der Tag wird kommen 262
Adorno, Erziehung zur Mündigkeit 11
– Studien zum autoritären Charakter 107
– Versuch, das ›Endspiel‹ zu verstehen 72
– Versuch über Wagner 177
– Zur Dialektik des Engagements 134
Aitmatow, Der weiße Dampfer 51
Alegría, Die hungrigen Hunde 447
Alfvén, Atome, Mensch und Universum 139
– M 70 – Die Menschheit der siebziger Jahre 34
Allerleirauh 19
Alsheimer, Eine Reise nach Vietnam 628
– Vietnamesische Lehrjahre 73
Alter als Stigma 468
Anders, Kosmologische Humoreske 432
v. Ardenne, Ein glückliches Leben für Technik und Forschung 310
Arendt, Die verborgene Tradition 303
Arlt, Die sieben Irren 399
Arguedas, Die tiefen Flüsse 588
Artmann, Grünverschlossene Botschaft 82
– How much, schatzi? 136
– Lilienweißer Brief 498
– The Best of H. C. Artmann 275
– Unter der Bedeckung eines Hutes 337
Augustin, Raumlicht 660
Bachmann, Malina 641
v. Baeyer, Angst 118
Bahlow, Deutsches Namenlexikon 65
Balint, Fünf Minuten pro Patient 446
Ball, Hermann Hesse 385
Barnet (Hrsg.), Der Cimarrón 346
Basis 5, Jahrbuch für deutsche Gegenwartsliteratur 276
Basis 6, Jahrbuch für deutsche Gegenwartsliteratur 340
Basis 7, Jahrbuch für deutsche Gegenwartsliteratur 420
Basis 8, Jahrbuch für deutsche Gegenwartsliteratur 457
Basis 9, Jahrbuch für deutsche Gegenwartsliteratur 553
Basis 10, Jahrbuch für deutsche Gegenwartsliteratur 589
Beaucamp, Das Dilemma der Avantgarde 329
Becker, Jürgen, Eine Zeit ohne Wörter 20
Becker, Jurek, Irreführung der Behörden 271
– Der Boxer 526
– Schlaflose Tage 626
Beckett, Das letzte Band (dreisprachig) 200
– Der Namenlose 536
– Endspiel (dreisprachig) 171
– Glückliche Tage (dreisprachig) 248
– Malone stirbt 407
– Molloy 229
– Warten auf Godot (dreisprachig) 1
– Watt 46
Das Werk von Beckett. Berliner Colloquium 225
Materialien zu Beckett »Der Verwaiser« 605
Materialien zu Becketts »Godot« 104
Materialien zu Becketts »Godot« 2 475
Materialien zu Becketts Romanen 315
Behrens, Die weiße Frau 655
Benjamin, Der Stratege im Literaturkampf 176
– Illuminationen 345
– Über Haschisch 21
– Ursprung des deutschen Trauerspiels 69
Zur Aktualität Walter Benjamins 150
Bernhard, Das Kalkwerk 128
– Der Kulterer 306
– Frost 47
– Gehen 5
– Salzburger Stücke 257
Bertaux, Mutation der Menschheit 555
Beti, Perpétue und die Gewöhnung ans Unglück 677
Bierce, Das Spukhaus 365
Bingel, Lied für Zement 287
Bioy Casares, Fluchtplan 378
– Schweinekrieg 469
Blackwood, Besuch von Drüben 411
– Das leere Haus 30
– Der Griff aus dem Dunkel 518
Blatter, Zunehmendes Heimweh 649
Bloch, Spuren 451
– Atheismus im Christentum 144
Börne, Spiegelbild des Lebens 408
Bond, Bingo 283
– Die See 160
Brasch, Kargo 541
Braun, Johanna, Unheimliche Erscheinungsformen auf Omega XI 646
Braun, Das ungezwungne Leben Kasts 546
– Gedichte 499
– Stücke 1 198
– Stücke 2 680
Brecht, Frühe Stücke 201
– Gedichte 251
– Gedichte für Städtebewohner 640
– Geschichten vom Herrn Keuner 16
– Schriften zur Gesellschaft 199
Brecht in Augsburg 297
Bertolt Brechts Dreigroschenbuch 87
Brentano, Berliner Novellen 568
– Prozeß ohne Richter 427
Broch, Barbara 151
– Dramen 538
– Gedichte 572
– Massenwahntheorie 502
– Novellen 621
– Philosophische Schriften 1 u. 2 2 Bde. 375
– Politische Schriften 445
– Schlafwandler 472
– Schriften zur Literatur 1 246
– Schriften zur Literatur 2 247
– Schuldlosen 209
– Tod des Vergil 296
– Unbekannte Größe 393
– Verzauberung 350
Materialien zu »Der Tod des Vergil« 317
Brod, Der Prager Kreis 547
– Tycho Brahes Weg zu Gott 490
Broszat, 200 Jahre deutsche Polenpolitik 74
Brude-Firnau (Hrsg.), Aus den Tagebüchern Th. Herzls 374
Büßerinnen aus dem Gnadenkloster, Die 632
Bulwer-Lytton, Das kommende Geschlecht 609
Buono, Zur Prosa Brechts. Aufsätze 88
Butor, Paris–Rom oder Die Modifikation 89
Campbell, Der Heros in tausend Gestalten 424
Carossa, Ungleiche Welten 521
Über Hans Carossa 497

Carpentier, Explosion in der Kathedrale 370
– Krieg der Zeit 552
Celan, Mohn und Gedächtnis 231
– Von Schwelle zu Schwelle 301
Chomsky, Indochina und die amerikanische Krise 32
– Kambodscha Laos Nordvietnam 103
– Über Erkenntnis und Freiheit 91
Cioran, Die verfehlte Schöpfung 550
– Vom Nachteil geboren zu sein 549
– Syllogismen der Bitterkeit 607
Claes, Flachskopf 324
Condrau, Angst und Schuld als Grundprobleme in der Psychotherapie 305
Conrady, Literatur und Germanistik als Herausforderung 214
Cortázar, Bestiarium 543
– Das Feuer aller Feuer 298
– Ende des Spiels 373
Dahrendorf, Die neue Freiheit 623
– Lebenschancen 559
Dedecius, Überall ist Polen 195
Degner, Graugrün und Kastanienbraun 529
Der andere Hölderlin. Materialien zum »Hölderlin«-Stück von Peter Weiss 42
Dick, LSD-Astronauten 732
– UBIK 440
Doctorow, Das Buch Daniel 366
Döblin, Materialien zu »Alexanderplatz« 268
Dolto, Der Fall Dominique 140
Döring, Perspektiven einer Architektur 109
Donoso, Ort ohne Grenzen 515
Dorst, Dorothea Merz 511
– Stücke 1 437
– Stücke 2 438
Duddington, Baupläne der Pflanzen 45
Duke, Akupunktur 180
Duras, Hiroshima mon amour 112
Durzak, Gespräche über den Roman 318
Edschmidt, Georg Büchner 610
Ehrenburg, Das bewegte Leben des Lasik Roitschwantz 307
– 13 Pfeifen 405
Eich, Fünfzehn Hörspiele 120
Eliade, Bei den Zigeunerinnen 615
Eliot, Die Dramen 191
Zur Aktualität T. S. Eliots 222
Ellmann, James Joyce 2 Bde. 473
Enzensberger, Gedichte 1955–1970 4
– Der kurze Sommer der Anarchie 395
– Museum der modernen Poesie, 2 Bde. 476
– Politik und Verbrechen 442
Enzensberger (Hrsg.), Freisprüche. Revolutionäre vor Gericht 111
Eppendorfer, Der Ledermann spricht mit Hubert Fichte 580
Eschenburg, Über Autorität 178
Ewald, Innere Medizin in Stichworten I 97
– Innere Medizin in Stichworten II 98
Ewen, Bertolt Brecht 141
Fallada/Dorst, Kleiner Mann – was nun? 127
Feldenkrais, Abenteuer im Dschungel des Gehirns 663
– Bewußtheit durch Bewegung 429
Feuchtwanger (Hrsg.), Deutschland – Wandel und Bestand 335
Fischer, Von Grillparzer zu Kafka 284
Fleißer, Der Tiefseefisch 683
– Eine Zierde für den Verein 294
– Ingolstädter Stücke 403
Fletcher, Die Kunst des Samuel Beckett 272
Franke, Einsteins Erben 603
– Schule für Übermenschen 730
– Sirius Transit 535
– Ypsilon minus 358
– Zarathustra kehrt zurück 410
– Zone Null 585
v. Franz, Zahl und Zeit 602
Friede und die Unruhestifter, Der 145
Fries, Das nackte Mädchen auf der Straße 577
– Der Weg nach Oobliadooh 265
Frijling-Schreuder, Was sind das – Kinder? 119
Frisch, Andorra 277
– Dienstbüchlein 205
– Herr Biedermann / Rip van Winkle 599
– Homo faber 354
– Mein Name sei Gantenbein 286
– Stiller 105
– Stücke 1 70
– Stücke 2 81
– Tagebuch 1966–1971 256
– Wilhelm Tell für die Schule 2
Materialien zu Frischs »Biedermann und die Brandstifter« 503
– »Stiller« 2 Bde. 419
Frischmuth, Amoralische Kinderklapper 224
Froese, Zehn Gebote für Erwachsene 593
Fromm/Suzuki/de Martino, Zen-Buddhismus und Psychoanalyse 37
Fuchs, Todesbilder in der modernen Gesellschaft 102
Fuentes, Nichts als das Leben 343
Fühmann, Bagatelle, rundum positiv 426
– Erfahrungen und Widersprüche 338
– 22 Tage oder Die Hälfte des Lebens 463
Gadamer/Habermas, Das Erbe Hegels 596
Gall, Deleatur 639
García Lorca, Über Dichtung und Theater 196
Gibson, Lorcas Tod 197
Gilbert, Das Rätsel Ulysses 367
Glozer, Kunstkritiken 193
Goldstein, A. Freud, Solnit, Jenseits des Kindeswohls 212
Goma, Ostinato 138
Gorkij, Unzeitgemäße Gedanken über Kultur und Revolution 210
Grabiński, Abstellgleis 478
Griaule, Schwarze Genesis 624
Grossmann, Ossietzky. Ein deutscher Patriot 83
Habermas, Theorie und Praxis 9
– Kultur und Kritik 125
Habermas/Henrich, Zwei Reden 202
Hammel, Unsere Zukunft – die Stadt 59
Han Suyin, Die Morgenflut 234
Handke, Als das Wünschen noch geholfen hat 208
– Begrüßung des Aufsichtsrats 654
– Chronik der laufenden Ereignisse 3
– Das Ende des Flanierens 679
– Das Gewicht der Welt 500
– Die Angst des Tormanns beim Elfmeter 27
– Die Stunde der wahren Empfindung 452
– Die Unvernünftigen sterben aus 168
– Der kurze Brief 172
– Falsche Bewegung 258
– Hornissen 416
– Ich bin ein Bewohner des Elfenbeinturms 56
– Stücke 1 43
– Stücke 2 101
– Wunschloses Unglück 146
Hart Nibbrig, Ästhetik 491

Heiderich, Mit geschlossenen Augen 638
Heilbroner, Die Zukunft der Menschheit 280
Heller, Die Wiederkehr der Unschuld 396
– Nirgends wird Welt sein als innen 288
– Thomas Mann 243
Hellman, Eine unfertige Frau 292
Henle, Der neue Nahe Osten 24
v. Hentig, Die Sache und die Demokratie 245
– Magier oder Magister? 207
Herding (Hrsg.), Realismus als Widerspruch 493
Hermlin, Lektüre 1960–1971 215
Herzl, Aus den Tagebüchern 374
Hesse, Aus Indien 562
– Aus Kinderzeiten. Erzählungen Bd. 1 347
– Ausgewählte Briefe 211
– Briefe an Freunde 380
– Demian 206
– Der Europäer. Erzählungen Bd. 3 384
– Der Steppenwolf 175
– Die Gedichte. 2 Bde. 381
– Die Kunst des Müßiggangs 100
– Die Märchen 291
– Die Nürnberger Reise 227
– Die Verlobung. Erzählungen Bd. 2 368
– Die Welt der Bücher 415
– Eine Literaturgeschichte in Rezensionen 252
– Glasperlenspiel 79
– Innen und Außen. Erzählungen Bd. 4 413
– Klein und Wagner 116
– Kleine Freuden 360
– Kurgast 383
– Lektüre für Minuten 7
– Lektüre für Minuten. Neue Folge 240
– Narziß und Goldmund 274
– Peter Camenzind 161
– Politik des Gewissens, 2 Bde. 656
– Roßhalde 312
– Siddhartha 182
– Unterm Rad 52
– Von Wesen und Herkunft des Glasperlenspiels 382
Materialien zu Hesses »Demian« 1 166
Materialien zu Hesses »Demian« 2 316
Materialien zu Hesses »Glasperlenspiel« 1 80
Materialien zu Hesses »Glasperlenspiel« 2 108
Materialien zu Hesses »Siddhartha« 1 129
Materialien zu Hesses »Siddhartha« 2 282
Materialien zu Hesses »Steppenwolf« 53
Über Hermann Hesse 1 331
Über Hermann Hesse 2 332
Hermann Hesse – Eine Werkgeschichte von Siegfried Unseld 143
Hermann Hesses weltweite Wirkung 386
Hildesheimer, Hörspiele 363
– Mozart 598
– Paradies der falschen Vögel 295
– Stücke 362
Hinck, Von Heine zu Brecht 481
Hobsbawm, Die Banditen 66
Hofmann (Hrsg.), Schwangerschaftsunterbrechung 238
Hofmann, Werner, Gegenstimmen 554
Höllerer, Die Elephantenuhr 266
Holmqvist (Hrsg.), Das Buch der Nelly Sachs 398
Hortleder, Fußball 170
Horváth, Der ewige Spießer 131
– Die stille Revolution 254
– Ein Kind unserer Zeit 99
– Jugend ohne Gott 17
– Leben und Werk in Dokumenten und Bildern 67
– Sladek 163
Horváth/Schell, Geschichten aus dem Wienerwald 595
Hudelot, Der Lange Marsch 54
Hughes, Hurrikan im Karibischen Meer 394
Huizinga, Holländische Kultur im siebzehnten Jahrhundert 401
Ibragimbekow, Es gab keinen besseren Bruder 479
Ingold, Literatur und Aviatik 576
Innerhofer, Die großen Wörter 563
– Schattseite 542
– Schöne Tage 349
Inoue, Die Eiswand 551
Jakir, Kindheit in Gefangenschaft 152
James, Der Schatz des Abtes Thomas 540
Jens, Republikanische Reden 512
Johnson, Berliner Sachen 249
– Das dritte Buch über Achim 169
– Eine Reise nach Klagenfurt 235
– Mutmassungen über Jakob 147
– Zwei Ansichten 326
Jonke, Im Inland und im Ausland auch 156
Joyce, Ausgewählte Briefe 253
Joyce, Stanislaus, Meines Bruders Hüter 273
Junker/Link, Ein Mann ohne Klasse 528
Kappacher, Morgen 339
Kästner, Der Hund in der Sonne 270
– Offener Brief an die Königin von Griechenland. Beschreibungen, Bewunderungen 106
Kardiner/Preble, Wegbereiter der modernen Anthropologie 165
Kasack, Fälschungen 264
Kaschnitz, Der alte Garten 387
– Ein Lesebuch 647
– Steht noch dahin 57
– Zwischen Immer und Nie 425
Katharina II. in ihren Memoiren 25
Keen, Stimmen und Visionen 545
Kerr (Hrsg.), Über Robert Walser 1 483
– Über Robert Walser 2 484
– Über Robert Walser 3 556
Kessel, Herrn Brechers Fiasko 453
Kirde (Hrsg.), Das unsichtbare Auge 477
Kluge, Lebensläufe. Anwesenheitsliste für eine Beerdigung 186
Koch, Anton, Symbiose – Partnerschaft fürs Leben 304
Koch, Werner, Pilatus 650
– See-Leben I 132
– Wechseljahre oder See-Leben II 412
Koehler, Hinter den Bergen 456
Koeppen, Das Treibhaus 78
– Der Tod in Rom 241
– Eine unglückliche Liebe 392
– Nach Rußland und anderswohin 115
– Reise nach Frankreich 530
– Romanisches Café 71
– Tauben im Gras 601
Koestler, Der Yogi und der Kommissar 158
– Die Nachtwandler 579
– Die Wurzeln des Zufalls 181
Kolleritsch, Die grüne Seite 323
Konrád, Der Stadtgründer 633
– Besucher 492
Korff, Kernenergie und Moraltheologie 597
Kracauer, Das Ornament der Masse 371
– Die Angestellten 13
– Kino 126
Kraus, Magie der Sprache 204

Kroetz, Stücke 259
Krolow, Ein Gedicht entsteht 95
Kücker, Architektur zwischen Kunst und Konsum 309
Kühn, Josephine 587
– Ludwigslust 421
– N 93
– Siam-Siam 187
– Stanislaw der Schweiger 496
Kundera, Abschiedswalzer 591
– Das Leben ist anderswo 377
– Der Scherz 314
Lagercrantz, China-Report 8
Lander, Ein Sommer in der Woche der Itke K. 155
Laxness, Islandglocke 228
le Fanu, Der besessene Baronet 731
le Fort, Die Tochter Jephthas und andere Erzählungen 351
Lem, Astronauten 441
– Der futurologische Kongreß 534
– Der Schnupfen 570
– Die Jagd 302
– Die Untersuchung 435
– Imaginäre Größe 658
– Memoiren, gefunden in der Badewanne 508
– Mondnacht 729
– Nacht und Schimmel 356
– Solaris 226
– Sterntagebücher 459
– Summa technologiae 678
– Transfer 324
Lenz, Hermann, Andere Tage 461
– Der russische Regenbogen 531
– Der Tintenfisch in der Garage 620
– Die Augen eines Dieners 348
– Neue Zeit 505
– Tagebuch vom Überleben 659
– Verlassene Zimmer 436
Lepenies, Melancholie und Gesellschaft 63
Lese-Erlebnisse 2 458
Leutenegger, Vorabend 642
Lévi-Strauss, Rasse und Geschichte 62
– Strukturale Anthropologie 15
Lidz, Das menschliche Leben 162
Literatur aus der Schweiz 450
Lovecraft, Cthulhu 29
– Berge des Wahnsinns 220
– Das Ding auf der Schwelle 357
– Die Katzen von Ulthar 625
– Der Fall Charles Dexter Ward 391
MacLeish, Spiel um Job 422
Mächler, Das Leben Robert Walsers 321
Mädchen am Abhang, Das 630
Machado de Assis, Posthume Erinnerungen 494
Malson, Die wilden Kinder 55
Martinson, Die Nesseln blühen 279
– Der Weg hinaus 281
Mautner, Nestroy 465
Mayer, Georg Büchner und seine Zeit 58
– Wagner in Bayreuth 480
Materialien zu Hans Mayer, »Außenseiter« 448
Mayröcker. Ein Lesebuch 548
Maximovič, Die Erforschung des Omega Planeten 509
McHale, Der ökologische Kontext 90
Melchinger, Geschichte des politischen Theaters 153, 154
Meyer, Die Rückfahrt 578
– Eine entfernte Ähnlichkeit 242
– In Trubschachen 501
Miłosz, Verführtes Denken 278
Minder, Dichter in der Gesellschaft 33
– Kultur und Literatur in Deutschland und Frankreich 397
Mitscherlich, Massenpsychologie ohne Ressentiment 76
– Thesen zur Stadt der Zukunft 10
– Toleranz – Überprüfung eines Begriffs 213
Mitscherlich (Hrsg.), Bis hierher und nicht weiter 239
Molière, Drei Stücke 486
Mommsen, Kleists Kampf mit Goethe 513
Morselli, Licht am Ende des Tunnels 627
Moser, Gottesvergiftung 533
– Lehrjahre auf der Couch 352
Muschg, Albissers Grund 334
– Entfernte Bekannte 510
– Gottfried Keller 617
– Im Sommer des Hasen 263
– Liebesgeschichten 164
Myrdal, Asiatisches Drama 634
– Politisches Manifest 40
Nachtigall, Völkerkunde 184
Nizon, Canto 319
– Im Hause enden die Geschichten. Untertauchen 431
Norén, Die Bienenväter 117
Nossack, Das kennt man 336
– Der jüngere Bruder 133
– Die gestohlene Melodie 219
– Nach dem letzten Aufstand 653
– Spirale 50
– Um es kurz zu machen 255
Nossal, Antikörper und Immunität 44
Olvedi, LSD-Report 38
Onetti, Das kurze Leben 661
Painter, Marcel Proust, 2 Bde. 561
Paus (Hrsg.), Grenzerfahrung Tod 430
Payne, Der große Charlie 569
Pedretti, Harmloses, bitte 558
Penzoldts schönste Erzählungen 216
– Der arme Chatterton 462
– Die Kunst das Leben zu lieben 267
– Die Powenzbande 372
Pfeifer, Hesses weltweite Wirkung 506
Phaïcon 3 443
Phaïcon 4 636
Plenzdorf, Die Legende von Paul & Paula 173
– Die neuen Leiden des jungen W. 300
Pleticha (Hrsg.), Lese-Erlebnisse 2 458
Plessner, Diesseits der Utopie 148
– Die Frage nach der Conditio humana 361
– Zwischen Philosophie und Gesellschaft 544
Poe, Der Fall des Hauses Ascher 517
Politzer, Franz Kafka. Der Künstler 433
Portmann, Biologie und Geist 124
– Das Tier als soziales Wesen 444
Prangel (Hrsg.), Materialien zu Döblins »Alexanderplatz« 268
Proust, Briefe zum Leben, 2 Bde. 464
– Briefe zum Werk 404
– In Swanns Welt 644
Psychoanalyse und Justiz 167
Puig, Der schönste Tango 474
– Verraten von Rita Hayworth 344
Raddatz, Traditionen und Tendenzen 269
– ZEIT-Bibliothek der 100 Bücher 645
– ZEIT-Gespräche 520

Rathscheck, Konfliktstoff Arzneimittel 189
Regler, Das große Beispiel 439
- Das Ohr des Malchus 293
Reik (Hrsg.), Der eigene und der fremde Gott 221
Reinisch (Hrsg.), Jenseits der Erkenntnis 418
Reinshagen, Das Frühlingsfest 637
Reiwald, Die Gesellschaft und ihre Verbrecher 130
Riedel, Die Kontrolle des Luftverkehrs 203
Riesman, Wohlstand wofür? 113
- Wohlstand für wen? 114
Rilke, Materialien zu »Cornet« 190
- Materialien zu »Duineser Elegien« 574
- Materialien zu »Malte« 174
- Rilke heute 1 290
- Rilke heute 2 355
Rochefort, Eine Rose für Morrison 575
- Frühling für Anfänger 532
- Kinder unserer Zeit 487
- Mein Mann hat immer recht 428
- Ruhekissen 379
- Zum Glück gehts dem Sommer entgegen 523
Rosei, Landstriche 232
- Wege 311
Roth, Der große Horizont 327
- die autobiographie des albert einstein. Künstel. Der Wille zur Krankheit 230
Rottensteiner (Hrsg.), Blick vom anderen Ufer 359
- Polaris 4 460
- Quarber Merkur 571
Rüegg, Antike Geisteswelt 619
Rühle, Theater in unserer Zeit 325
Russell, Autobiographie I 22
- Autobiographie II 84
- Autobiographie III 192
- Eroberung des Glücks 389
v. Salis, Rilkes Schweizer Jahre 289
Sames, Die Zukunft der Metalle 157
Sarraute, Zeitalter des Mißtrauens 223
Schäfer, Erziehung im Ernstfall 557
Scheel/Apel, Die Bundeswehr und wir. Zwei Reden 522
Schickel, Große Mauer, Große Methode 314
Schimmang, Der schöne Vogel Phönix 527
Schneider, Der Balkon 455
- Die Hohenzollern 590
- Macht und Gnade 423
Über Reinhold Schneider 504
Schulte (Hrsg.), Spiele und Vorspiele 485
Schultz (Hrsg.), Der Friede und die Unruhestifter 145
- Politik ohne Gewalt? 330
- Wer ist das eigentlich – Gott? 135
Scorza, Trommelwirbel für Rancas 584
Semprun, Der zweite Tod 564
Shaw, Der Aufstand gegen die Ehe 328
- Der Sozialismus und die Natur des Menschen 121
- Die Aussichten des Christentums 18
- Politik für jedermann 643
Simpson, Biologie und Mensch 36
Sperr, Bayrische Trilogie 28
Spiele und Vorspiele 485
Steiner, George, In Blaubarts Burg 77
Steiner, Jörg, Ein Messer für den ehrlichen Finder 583
- Sprache und Schweigen 123
- Strafarbeit 471
Sternberger, Panorama oder Ansichten vom 19. Jahrhundert 179
- Gerechtigkeit für das 19. Jahrhundert 244
- Heinrich Heine und die Abschaffung der Sünde 308
Stierlin, Adolf Hitler 236
- Das Tun des Einen ist das Tun des Anderen 313
- Eltern und Kinder 618
Strausfeld (Hrsg.), Materialien zur lateinamerikanischen Literatur 341
- Aspekte zu Lezama Lima »Paradiso« 482
Strehler, Für ein menschlicheres Theater 417
Strindberg, Ein Lesebuch für die niederen Stände 402
Struck, Die Mutter 489
- Lieben 567
- Trennung 613
Strugatzki, Die Schnecke am Hang 434
Stuckenschmidt, Schöpfer der neuen Musik 183
- Maurice Ravel 353
- Neue Musik 657
Suvin, Poetik der Science Fiction 539
Swoboda, Die Qualität des Lebens 188
Szabó, I. Moses 22 142
Szczepański, Vor dem unbekannten Tribunal 594
Terkel, Der Große Krach 23
Timmermans, Pallieter 400
Trocchi, Die Kinder Kains 581
Ueding (Hrsg.), Materialien zu Hans Mayer, »Außenseiter« 448
Ulbrich, Der unsichtbare Kreis 652
Unseld, Hermann Hesse – Eine Werkgeschichte 143
- Begegnungen mit Hermann Hesse 218
- Peter Suhrkamp 260
Unseld (Hrsg.), Wie, warum und zu welchem Ende wurde ich Literaturhistoriker? 60
- Bertolt Brechts Dreigroschenbuch 87
- Zur Aktualität Walter Benjamins 150
- Mein erstes Lese-Erlebnis 250
Unterbrochene Schulstunde. Schriftsteller und Schule 48
Utschick, Die Veränderung der Sehnsucht 566
Vargas Llosa, Das grüne Haus 342
- Die Stadt und die Hunde 622
Vidal, Messias 390
Waggerl, Brot 299
Waley, Lebensweisheit im Alten China 217
Walser, Martin, Das Einhorn 159
- Der Sturz 322
- Ein fliehendes Pferd 600
- Ein Flugzeug über dem Haus 612
- Gesammelte Stücke 6
- Halbzeit 94
- Jenseits der Liebe 525
Walser, Robert, Briefe 488
- Der »Räuber« – Roman 320
- Poetenleben 388
Über Robert Walser 1 483
Über Robert Walser 2 484
Über Robert Walser 3 556
Weber-Kellermann, Die deutsche Familie 185
Weg der großen Yogis, Der 409
Weill, Ausgewählte Schriften 285
Über Kurt Weill 237
Weischedel, Skeptische Ethik 635
Weiss, Peter, Das Duell 41
Weiß, Ernst, Georg Letham 648
- Rekonvaleszenz 31
Materialien zu Weiss' »Hölderlin« 42
Weissberg-Cybulski, Hexensabbat 369
Weltraumfriseur, Der 631

Wendt, Moderne Dramaturgie 149
Wer ist das eigentlich – Gott? 135
Werner, Fritz, Wortelemente lat.-griech. Fachausdrücke in den biolog. Wissenschaften 64
Wie der Teufel den Professor holte 629
Wiese, Das Gedicht 376
Wilson, Auf dem Weg zum Finnischen Bahnhof 194
Wittgenstein, Philosophische Untersuchungen 14
Wolf, Die heiße Luft der Spiele 606
– Pilzer und Pelzer 466
– Punkt ist Punkt 122
Zeemann, Einübung in Katastrophen 565
Zimmer, Spiel um den Elefanten 519
Zivilmacht Europa – Supermacht oder Partner? 137